학업중단청소년의
자서전적 소설

우리들의
이야기

이동훈 · 권욱현

이 저서는 2021년 대한민국 교육부와 한국연구재단의 지원을 받아 수행된 연구임
(NRF-2021S1A3A2A02089682)

이 저서는 2018~2020년도 한국청소년정책연구원의 연구과제인 '학교 밖 청소년 지역사회 지원방안
연구 I, II, III: 질적패널조사를 중심으로'에 참여하고 난 후, 학교 밖 청소년들이 경험할 만한 내용을
허구의 내용에 기반하여 소설화하였다.

학업중단청소년의
자서전적 소설

우리들의
이야기

이동훈·권욱현

머리말

학업중단 청소년에 대한 관심은 한국청소년정책연구원 윤철경 박사님의 제안에서 시작되었다. 박사님과 함께 국무총리실 산하 경제·인문사회연구회와 한국청소년정책연구원 협동연구 「학교 밖 청소년 지역사회 지원방안 연구: 질적패널조사를 중심으로」에 2018~2020년까지 공동연구원으로 참여하면서부터 관심은 더욱 깊어졌다.

3년 동안 전국의 학업중단 청소년들을 만나 직접 인터뷰를 하면서 아이들의 고민을 듣게 되었다. 때로는 인터뷰를 마치고 상담을 하면서 이 아이들의 마음속 깊은 이야기를 들을 수 있었고, 각자가 자신의 삶을 짊어지고 걸어가는 다양한 방식(ways of walking)을 목격하게 되었다.

많은 인터뷰를 거치면서 대단히 인상적이었던 점은 많은 학교 밖 청소년들은 자신처럼 학교생활을 중단한 다른 청소년들이 어떤 이유로 학업중단의 결정을 내렸는지, 학교 밖으로 나온 지금은 어떻게 살고 있는지 궁금해했다는 사실이다. 그들은 자신이 원하는 대로 인생을 잘 살아가고 있는지에 대해 끊임없이 질문을 던지면서, 혼자 해결할 수 없는 수많은 고민을 가슴에 품고 있었다.

성공은 올바른 선택에서 나온다. 올바른 선택은 좋은 경험에서 나온다. 그리고 좋은 경험은 잘못된 선택에서 나온다. 많은 학교 밖 청소년들은 학업중단의 결정을 후회한다. 하지만 다른 많은 이들은 학업중단의 결정을 올바른 선택이었다고 여긴다. 이렇게 학업중단의 선택을 후회하는 사람도, 후회하지 않는 사람도 있지만 모두 성장과정 속에 있고, 삶의 이행과정에 있을 뿐이다.

이 책은 모든 학교 밖 청소년들의 사례를 대변하진 못했지만 학업중단이라는 결정을 한, 이제는 성인이 된 학교 밖 청소년들이 경험할 만한 내용을 허구의 내용에 기반하여 소설화하였다. 그들이 어떤 계기나 과정을 통해 학업중단을 결정하게 되었고, 그 후에 어떠한 삶을 살아가고 있는지, 그리고 현재와 미래에 대해 어떤 고민을 하며 살아가고 있는지를 소설을 통해 이야기하고자 하였다. 간접적으로나마 학교 밖 청소년들이 자기 자신을 이해할 수 있도록, 더불어 그들과 함께하는 교사, 부모, 상담자가 그들에 대한 이해의 폭을 넓혀갈 수 있도록 기획한 책이다.

그들의 인생시계는 이제 새벽 6시 남짓, 이제 하루가 시작되려는 참이다. 정신없고 몽롱한 것이 당연하다. 모든 학교 밖 청소년들 각각의 삶과 그 무궁무진한 가능성을 응원한다. 끝으로, 이 책의 출판을 전폭적으로 도와주시고 지원해주신 박영스토리 노현 대표님과 꼼꼼한 편집을 통해 좋은 책이 나올 수 있도록 도움을 주신 이아름 선생님께 감사함을 전한다.

이동훈, 권욱현

차례

01

우리들의 이야기

고해성사

◆*

은채는 퇴근길에 집 앞의 편의점에서 담배를 샀다.

'5년 만인가….'

오랜만에 집어 든 담배였지만 은채는 익숙하게 담배갑을 뒤집어 탁탁 치며 비닐을 뜯어냈다. 그리고 곧 필터 쪽으로 잔뜩 압축된 담배 한 개비를 입에 물고 한참을 생각에 잠겼다. 이제 갓 스무 살쯤 보이는 남자 두 명이 옆에서 침을 찍 뱉으며 어슬렁거리자 은채는 그제야 자기만의 세계에서 빠져나왔고, 이내 주머니를 뒤적거리며 라이터를 사지 않았던 것을 깨달았다.

"저기 미안한데, 불 좀 빌릴 수 있을까요?"

"아, 네네."

팔에 문신이 가득한 한 친구가 손수 불을 붙여주기까지 했다. 은

* ◆청소년 상담사 은채 이야기
  ◇ 학교 밖 청소년 현서 이야기

8

채는 10년 간 청소년 상담센터에서 상담을 하며 한 사람의 겉모습으로 비치는 모습은 그 사람의 아주 일부일 뿐인 것을 잘 알고 있었다.

'오늘 그 친구도 딱 저 나이쯤이었는데….'

오늘 오전에 상담을 진행한 내담자가 계속해서 머릿속에서 떠나지 않았다. 아니 마음속에서 떠나지 않았다.

'역전이*인가….'

은채는 담배 연기를 뿜으며 계속해서 혼잣말을 했다. 13년 전 자살한 막냇동생이 생각났다. 인생은 우연의 연속일까? 아니면 신이나 우주 같은 것이 정해놓은 운명 같은 게 정말 있는 걸까? 은채는 어느 쪽으로 생각해도 화가 났다. 내 동생의 삶은, 오늘 처음 만난 그 아이의 생은 누가 보아도 불공평했다.

'이런 기분 다신 느끼고 싶지 않았는데….'

사실 은채는 유난히 공감능력이 없었다. 애초에 이성적이고 합리적으로 생각하는 타입이었다. 그래서 상담 초기 1, 2년에는 담당선생님으로부터 상담일과는 어울리지 않는 것 같다는 이야기도 종종 듣곤 했다. 하지만 꿋꿋하게 버텨왔고 공감능력을 길러왔다. 그리고 그 천성 덕에 어떤 내담자에게도 흔들리지 않았고, 동료들처럼 내담자의 이야기에 너무 많은 에너지를 쏟아버려 상담을 받는 상담자가 되지 않을 수 있었다. 아이러니하게도 자신처럼 마음의 문을 꽉 닫아버린 내담자

---

* 역전이: 상담자의 비이성적인 감정이나 인지가 내담자에게 향하게 되는 현상.

들에게는 오히려 공감을 받는다고 느끼게끔 하기도 했다. 세상은 다양한 퍼즐을 필요로 한다.

13년 전, 막내의 자살 이후 막내는 은채의 삶 속에서 조금씩 희미해져갔다. 동시에 이로 인한 일종의 자기혐오를 가지게 되었다. 은채는 무심함은 자신의 천성이라고 합리화했다. 은채는 그 어떤 것에도 집착하는 법이 없었다. 그럼에도 오늘 오전의 내담자는 계속해서 은채의 마음속에서 떨어지지 않았다. 은채는 타들어간 담뱃재가 손에 떨어지기 전까지 계속해서 오늘 오전의 상담 장면이 떠올랐다.

"상담을 받기까지 많은 생각과 어려움이 있으셨을 텐데 용기를 내서 와주셨네요."

은채는 진심 어린 눈빛을 보내며 말했다.

"아, 정신과에서 계속 약을 먹다가 소용이 없어서요…."

내담자는 한동안 침묵했다. 도무지 어떤 이야기를 어디서부터 꺼내야 할지 가늠이 안 되는 듯 보였다. 침묵 속에 내담자는 틱 장애로 인해 주기적으로 '억', '억'소리를 내었다. 은채는 5분여를 함께 침묵해 주었다.

"저… 상담이 처음이라 무슨 말을 해야 할지 모르겠네요. 억, 상담은… 억, 억 뭐 하는 거예요?"

내담자는 한참의 침묵을 깨고 말했다. 은채는 한 번 싱긋 미소짓고는 대답했다.

"저는 그렇게 생각해요. 사람에게는 각자 안에 큰 도서관이 있는데, 상담자와 함께 여태 가보지 못한 영역에 조심스럽게 들어가 보는 것이랄까? 그곳에 도착하면 지금까지 알지 못했던 새로운 것을 발견하고, 깨달을 수 있겠죠?"

"아….."

내담자는 느릿하게 고개를 두 번 끄덕였다.

"다만 또 다르게 비유해보자면, 현서 씨와 제가 차로 여행을 간다고 치면, 저는 조수석에 앉아 있을 뿐이에요. 어느 곳을, 얼마나 갈지는 제가 결정하지 않아요. 현서 씨가 오늘은 집 앞에만 가고 싶으실 수도 있고, 또 어느 날은 멀리 가보고 싶으실 수도 있잖아요? 다만 어디를 얼마 동안 가든지 저는 그 여행에 항상 함께 할 거예요."

"아, 네….."

현서는 또 5분여를 침묵했다. '억'소리가 조금은 잦아들었다. 그리고 입술을 한 번 지그시 깨물고는 자신의 이야기를 조심스레 꺼냈다.

◇

현서가 어렸을 때 현서의 부모님은 매일같이 싸웠다. 그때마다 현서는 눈치 보며 모든 것이 자기 탓인 것만 같아 울먹였다. 그리고 부모님의 언성이 높아질수록, 아무리 입을 막아도 '억', '억'소리도 덩달아 커져만 갔다.

"애를 낳아도 어떻게 저런 병신을 낳아 너는? 야 이현서, 그만 안 해?"

현서의 아버지는 분노조절장애가 있었고, 어머니는 알코올 중독이었다.

"그래, 그렇게 술이나 처마시니까 애가 저 모양이지."

현서의 아버지는 술병을 벽에다 던졌고, 깨진 파편에 현서의 이마가 찢어졌다. 이것이 현서가 가진 아버지에 대한 마지막이자 유일한 기억이다. 현서는 스스로를 보호하기 위해 아버지란 존재를 꾸준히 지워갔다.

현서가 초등학교에 입학하기 전에 현서의 부모님은 이혼했다. 어머니와 둘이 살게 되었고, 어머니는 술을 끊고 공장 일을 하며 현서를 키웠다. 갓 태어난 아기의 세상은 엄마가 전부이고, 학교에 입학하기 전 아이의 세상은 가족이 전부이고, 학교에 입학하면 친구가 전부가 된다. 하지만 현서의 세상은 단 한 번도 낙원인 적이 없다.

학교에 입학하자 작고 왜소한 체구에 틱 장애까지 지닌 현서는 또래들의 관심을 받았다. 물론 좋은 쪽의 관심은 아니었다. 현서는 초등학교 저학년 내내 '부자'로 불렸다. '억'소리를 낸다는 일차원적인 이유였다. 고학년이 되자 또래들의 장난은 더 이상 장난이 아니었다. 급식을 마음대로 빼앗아 먹는가 하면, 같은 나이임에도 악질의 몇 명은 '형'이라고 부르게끔 했다. 그렇게 부르지 않을 때면 현서는 서너 명에 둘러싸여 집단폭행을 당하곤 했다.

"억, 우리 친구잖아. 억."

현서는 세 명의 반 아이들에게 밟히며 바닥에서 울부짖었다.

"친구? 누가 네 친구인데? 형이라고 안 해?"

현서는 친구들이 떠난 뒤에도 한참을 흐느꼈다. 화나고 분해서 우는 것이 아니었다. 현서의 눈물은 슬픔이었다. 현서는 친구들이 좋았다. 그런데 친구들이 자기를 싫어하니까, 친구들이 놀리니까, 친구들이 때리니까 세상이 무너지는 것 같았다.

중학교 입학했을 때도 별반 다를 것이 없는 학교생활이 계속되었다. 하필 초등학교 때 현서를 형이라고 부르게끔 시킨 악질 중 대장 격인 친구 한 명과 같은 반이 되어 첫날부터 수십 명의 친구 앞에서 친구를 형이라고 부르게 되었다. '억'소리는 점점 심해졌다. 선생님들 또한 현서의 '억'소리에 수업에 집중을 할 수 없었고, 현서는 선생님들에게까지 미운털이 박혔다.

중학교 2학년이 되었을 때 현서는 더 이상 친구들을 형이라고 부르지 않을 수 있었다. 중학교 2학년 때 반장은 흔히 말하는 '노는 아이들'과도 잘 어울리고, 공부도, 운동도 잘하는 또래들의 우상과 같은 친구였다. 반장은 친구들이 현서를 괴롭히지 못하게 했다. 반 아이들은 반장을 필두로 현서를 편하게 대해주었고, 쉬는 시간이면 농구도 끼워주었다. 현서는 행복을 느꼈다. 처음으로 생긴 친구였다. 그때의 현서는 다행히도 우정과 측은지심을 구분하지 못했다.

중학교 3학년이 되었을 때 현서의 어머니는 다시 술에 손을 댔다. 그리고 얼마 안 가 현서의 어머니는 공장까지 그만두었다. 현서는 엄마를 도무지 이해할 수 없었다. 열심히 지워가던 어릴 적의 지옥들이 떠

올랐다. 어머니는 현서보다 어머니 자신보다, 술을 선택했다. 사춘기에 접어든 현서는 그런 엄마를 한심하다고 생각했다. 이따금씩 서로 험한 말을 주고받았고, 그럴 때면 현서는 집 밖을 며칠씩 나갔다 오기도 했다. 엄마가 그해 겨울 자살하기 전 남겨놓은 유서를 보기 전까지 엄마가 공장에서 회사 사장에게 성폭행을 당했던 것을 알지 못했다.

　어머니의 장례식장은 수시로 조문객이 찾아와 바글바글한 바로 옆의 장례식장과는 달리 한산했다. 현서는 눈물을 흘리지 못했다. 모든 것이 자기 탓인 것 같았다. 새벽 내내 텅 빈 장례식장에는 '억', '억'소리가 울려 퍼졌다. 사랑하는 이를 상실한 사람들에게 남는 가장 큰 고통은 후회일 것이다. 누군가를 다시는 못 볼 줄 몰랐기 때문에 여느 날처럼 행동한 자신에 대한 후회. 엄마가 유난히 다르게 행동했던 그 날, 그 행동이 엄마의 마지막 절규임을 왜 알아차리지 못했는지, '엄마가 미안해'라는 말에 왜 대꾸조차 하지 않았는지, 눈물이 그렁한 눈으로 오늘은 안 나가면 안 되냐고 묻는 엄마의 마지막 순간에 왜 경멸의 표정을 지었는지.

　발인 전날 밤, 중학교 2학년 때 반장이 찾아왔다. 반장은 같이 농구를 하던 몇몇 친구들을 데려와 한참 동안 자리를 지켜주었다. 친구들은 아무 말도 하지 못했다. 어른들도 어머니의 자살을 겪은 친구에게 무슨 말을 해야 할지는 모를 것이다.

　"시간이 걸리더라도 나중에 꼭 학교 나와서 같이 농구 하자."

　반장은 집에 돌아가며 현서의 손을 꼭 쥐고 말했다.

현서에게 이미 삶의 의미 같은 것은 없었다. 하지만 반장의 그 한 마디로 현서는 의미 없는 삶을 조금은 더 살아보고 싶어졌다. 마치 삶에서 굳이 의미를 찾지 말라는, 인생은 욕망이지 의미가 아니라는 찰리 채플린의 말처럼.

◆

은채는 한 달 후, 현서와의 네 번째 상담이 끝나고 상담을 중지하고자 마음먹었다. 상담사는 다양한 이유로 상담을 중지할 수 있다. 하지만 그런 일은 흔하지 않다. 주로 처음 설정했던 상담의 목표가 달성되거나, 상담이 내담자의 문제를 해결하거나 변화를 일으키는 데 더 이상 효과적이지 못하다는 판단이 설 경우에 내담자와의 합의 하에 상담을 종결한다. 일방적인 경우는 많지 않지만, 있더라도 대부분은 내담자가 상담을 포기하는 경우이다.

은채 또한 10년의 상담경력 동안 본인의 문제로 상담을 중지한 적은 없었다. 하지만 현서를 마주할 때면 주체 못할 감정이 올라왔고, 일주일 내내 가슴에 가시가 박힌 듯했다. 이 상담이 현서에게 도움이 되지 않을 수도 있다는 생각을 했다. 실제로 상담에서 역전이는 내담자에게 부정적인 영향을 미칠 수도 있다. 은채는 그렇게 합리화를 하며 다음 회기에 상담을 종료하는 것이 좋겠다는 말을 하기로 마음먹었다. 사실 은채는 더 이상 현서를 마주치기 힘들었다. 막내의 자살 이후 부유하던 마음들이 홍수처럼 밀려올까 두려웠다.

13년 전, 은채의 막냇동생이 자살했을 때 동생의 나이는 불과 15살이었다. 막내는 은채와 10살 차이가 났다. 부모님이 맞벌이를 하고, 둘째는 철이 워낙 늦게 든 탓에 셋째의 육아는 온전히 은채의 몫이었다. 은채는 정말 말 그대로 막내를 업어 키웠다. 막내는 유난히 은채를 잘 따랐다. 부모님이 준 용돈으로 아이스크림을 사 먹더라도 꼭 두 개를 사서 은채가 돌아오길 기다렸다가 '누나 꺼 숨겨뒀었어'라며 배시시 웃으며 은채에게 주곤 했다.

막내는 주의력결핍 과잉행동장애 즉, ADHD를 가지고 있었다. 한시를 가만히 있지 못했고, 은채는 대학생 때는 하교를 하고 나서, 은채가 취직했을 때는 퇴근을 하고 나서 항상 막내의 감당할 수 없는 에너지를 받아주어야 했다. 은채는 막내가 친구가 없다는 것을 어렴풋이 알고 있었다. 딱한 마음에 항상 퇴근 후엔 막내와 놀아주곤 했지만 대기업의 살인적인 업무량은 은채를 점점 지치게 했다.

"누나, 일어나! 누나, 누나!"

막내는 은채의 침대에서 방방 뛰며 누나의 주말 오전 단잠을 깨웠다.

"제발, 누나 너무 힘들어."

막내는 은채의 말을 들은 채도 않고 침대에서 내려와 은채의 핸드폰을 만지작거렸다.

"누나, 오늘 나랑 같이 노래방 가자!"

무엇을 먹다가 왔는지 막내가 만진 후 찐득해진 핸드폰을 손에 쥐고 은채는 깊은 한숨을 쉬었다. 그리고 이내 거실에 있는 엄마에게 소리를 질렀다.

"엄마! 얘 좀 어떻게 해봐. 이 정도면 병원을 보내든지 하라고!"

은채는 말을 뱉고 마음이 불편했지만 후회는 없었다. 은채는 자기는 할 만큼 했다고 생각했다. 이후 은채는 몇 개월이 지나고 회사 근처에 방을 얻어 집을 나왔다. 막내는 울고 불며 제발 가지 말라고 했지만, 은채는 이미 지쳐 있었다. 혼자만의 공간이 필요했다.

막내는 중학교에 입학하자 눈에 띄게 변해갔다. 이 주에 한 번씩 집에 찾아갈 때면, 막내는 더 이상 밝게 웃지 않았다. 분명 막내는 눈치도 없이 지나치게 밝은 아이였다. 부모님은 자신들과는 말을 하지 않으려 한다며 은채에게 막내와 대화를 해보라고 말했다. 은채는 부모님이 또 나에게 책임을 전가한다는 생각에 삐뚤어진 감정이 들었다. 은채는 자신은 이미 자신의 몫을 했다고 믿었다. 은채는 그저 막내가 사춘기가 온 것이겠거니 생각했다.

그날은 유난히 스트레스가 많은 날이었다. 은채가 부장님 앞에서 팀의 대표로 발표를 하는 날이었다. 하필 학교 다닐 때도 한 번 하지 않았던 지각을 한 날이었고, 허둥지둥 나오는 바람에 그날의 발표를 위해 며칠을 밤새워 만든 자료가 들어있는 유에스비를 집에 두고 온 날이었다.

결국 은채는 발표 시간을 지키지 못해 '기본기도 없는 신입'으로 낙인찍혔다. 팀장은 불같이 화를 냈다. 완벽주의 기질이 있는 은채는 본인을 용납하지 못했고, 한 층 아래의 화장실로 가 한참을 울었다. 그때 한 달 전 은채가 막내에게 사준 핸드폰 번호로 전화가 걸려왔다. 은채는 받지 않았고, 자신을 자책하는 데에 한동안 더 에너지를 쏟았다.

동생의 마지막 전화였다. 동생은 학교에서 투신하였고, 며칠 후 병원에서 숨을 거두었다. 동생은 학교폭력을 당하고 있었다.

◇

시간이 걸리더라도 학교에 나와 함께 농구를 하자던 반장이 장례식장에서 한 말은 빈말이 아니었다. 반장은 오랜만에 학교에 다시 나온 현서를 찾아와 함께 농구 하자며 현서를 쉬는 시간 마다 불러냈다. 또 현서를 급식실에서 마주칠 때면 친구들을 데리고 옆자리로 와 텅텅 빈 현서의 옆자리를 채워주곤 했다. 현서는 우정과는 다른 마음 같은 것임을 느꼈지만, 싫지 않았다. 고마웠다. 현서는 그렇게 삶을 버텨갔다. 현서에게 삶에 대한 기대는 지나치게 하향평준화가 되어있었고, 덕분에 행복을 느끼는 역치는 한없이 낮았다.

한 사람의 엄청난 사건 이후에도 시간은 꿋꿋이도 흘러갔다. 현서는 졸업을 앞둔 겨울방학을 맞이했다. 유난히 따뜻한 날이었다. 12월임에도 창문을 열자 꽁꽁 얼었던 땅이 녹아 흙냄새가 났다. 현서는 얇은 패딩을 걸쳐 입고 엄마를 보기 위해 버스에 올랐다. 현서의 어머니는 서울 근교의 한 납골당에 안치되어 있다. 현서는 한 달에 한 번씩은 꾸준히 어머니를 보러 갔다. 현서에겐 어머니를 무심코 떠나보낸 죄책감에 대한 일종의 속죄였다.

"엄마, 나 왔어."

현서는 한 달 전 놓고 간 꽃을 새로 사 온 꽃으로 바꾸며 말했다.

"억, 나 친구도 생겼고… 억 이제 곧 중학교도 졸업한다?"

현서는 한참을 침묵했다. 현서가 흐느끼는 소리는 납골당을 가득 채웠다.

"억, 미안해… 엄마, 억, 억."

현서는 어머니가 자신을 낳은 후 단 한 번도 행복했던 적이 없던 사람이라고 생각했다. 그래서 결혼 전 환하게 웃고 있는 사진 속 현서의 어머니의 모습에 더 마음이 시큰했다. 자신이 그 미소를 앗아갔다고 생각했다. 현서는 어머니 앞에서 한참을 더 뜨겁게 울었다.

납골당을 나서자 추적추적 비가 내리고 있었다. 비를 맞으며 집으로 가는 버스에 올랐다. 창밖의 삐쩍 마른 나무들이 순식간에 스쳐 지나갔다. 현서는 창문에 머리를 기대고 한참을 멍하니 있었다. 버스가 어느새 동네에 진입해 익숙한 풍경들이 스쳐 지나갈 때쯤, 현서 옆에 선 누군가가 현서의 머리를 툭 때렸다.

"야, 너 존나 오랜만이다?"

영진이었다. 영진은 초등학교 때 현서를 괴롭히던 무리 중 한 명이었다. 대장 격인 친구의 오른팔쯤 되는 아이였는데, 가장 악질이었다. 영진은 다행히 다른 중학교로 입학하여 가끔씩 동네에서 마주치는 정도였으나, 그때마다 현서는 최대한 못 본 척 숨었다. 현서가 위를 올려다보자 목까지 이어져 있는 타투가 눈에 띄었다. 옆에는 진한 화장에 탈색을 한 영진의 여자친구가 흥미롭다는 듯이 상황을 내려다보고 있었다.

"어… 오랜만이네. 억"

현서는 엉겁결에 최대한 아무렇지 않은 척, 인사를 했지만 마음속에서는 어릴 적의 공포가 되살아나고 있었다.

"아직도 억, 억 거리네, 이 새끼. 너 작년에 나 마주치고도 그냥 쌩 까고 가더라?"

영진이 현서의 뺨을 툭 치며 말했다.

"그리고 뭐, 오랜만이네? 내가 네 친구야? 형이라고 해봐. 형."

"억, 내가 왜… 억, 억"

현서는 용기를 내어 거부했지만 떨리는 목소리는 감출 수 없었다.

"뭐? 내가 왜?"

영진은 현서의 머리채를 잡고 창문에 현서의 머리를 내던졌다. 현서는 창문에 머리를 부딪친 후 벌떡 일어섰고 옆에 있던 승객들이 둘을 막아섰다.

"아, 나 진짜… 너 다음에 내려."

영진은 이제 막 몸이 풀렸는데 게임이 끝나버린 운동선수처럼 에너지를 주체하지 못했다.

"학생, 내가 경찰에 신고하고 따라가줄게. 걱정하지 마."

30대쯤 되어 보이는 남자 승객 한 명이 현서를 다독였다.

"야, 그만해. 빨리 내리자. 쪽팔려 진짜."

영진의 여자 친구도 거들었고, 영진은 결국 씩씩거리며 바로 다음 정거장에서 내렸다.

현서는 집에 도착하자마자 다리에 힘이 풀려 주저앉았다. 목이 말랐지만 눈앞의 정수기마저 아득하게 느껴졌다. 현서는 한참을 거실 바닥에 누워 소리 내어 울었다.

◇

이후, 현서는 정규 고등학교를 진학하지 않고 방송통신고등학교에 입학하였다. 또래들이 무서워서였다. 방통고의 학생은 대부분 아저씨, 아주머니들이었고 현서를 아들처럼, 조카처럼 챙겨주었다. 현서는 그렇게 조금씩, 아주 조금씩 삶을 위로받으며 성인이 되었고, 청소년 수련관 선생님의 추천을 받아 상담을 시작하게 되었다.

◆

"안녕하세요? 현서 씨, 지난 한 주 동안 어떠셨어요?"

다섯 번째 상담이 시작되었고, 은채는 현서를 보자마자 마음이 무거워졌다. 마음의 짐, 마치 이사 후에 정리하지 않고 던져둔 자신의 짐들을 마주한 느낌이었다. 13년간 정리할 엄두조차 내지 못한 짐이었다.

"억, 취업준비하면서… 억, 청소년 수련관에서 학생들 멘토하면서 억, 지냈어요. 재밌어요. 사람들도 많이 만나고."

은채와 조금의 신뢰감이 생기면서 현서는 자기개방을 많이 하기 시작했고, 이따금씩 미소를 보이기도 했다. 상담 시작 전까지 은채는 상담중지 요청을 하기로 마음을 먹었으나, 도무지 입 밖으로 뱉을 수 없었다.

"선생님은 억, 어떻게 청소년 상담사가 되셨어요? 억, 억, 저도 청소년 돕는 일을 하고 싶어서요. 억."

현서는 5회기 상담이 끝나갈 즈음, 은채에게 물었다.

"어… 어, 그러시구나. 청소년 상담사랑 상담자격증이 있어요. 저는 대학원에 진학해서 공부하고 자격증 취득해서 일을 시작했어요. 관련해서 제가 나중에 정보 드릴게요."

은채는 변명하듯 대답했다. 현서가 물어본 '어떻게'는 '어떠한 방법으로'가 아닌 '왜'일 것이다. 은채도 그것을 알았지만 은채는 현서의 질문으로부터 서둘러 도망쳤다.

은채는 그날 퇴근 후, 10년도 더 전에 온 가족이 함께 살던 예전 아파트로 향했다. 현서가 은채에게 불러일으키는 것은 그저 막내와의 추억은 아니었다. 은채가 행복했던 시절, 다시는 되돌아갈 수 없고 꿈꿀 수 없는 인생의 어느 시기였다. 막내의 마지막 전화를 받지 못한 자신에 대한 원망과 증오, 혐오였다. 세상을 외롭게 살다간 동생에 대한 미안함과 그리움이었다.

은채는 15년 전 막내와 자주 놀던 아파트 단지의 놀이터로 향했다. 벤치에 앉자마자 소나기가 쏟아졌다. 놀이터에 있던 몇 명의 아이들은 서둘러 집으로 향했다. 은채는 그네에 앉았다. 이내 눈물이 터져 나왔다.

"막내야, 내 사랑하는 동생아. 누나가 여태 살아보니까 세상은 운명보다 우연에 좌우되었고, 세상은 생각보다 단순하고 유치한 거더라. 나 회사 때려치우고 청소년 상담한 지도 10년이 넘었어. 분명 너도 밤하늘의 별이 되지 않고 어른이 되었다면 이런 일을 했겠지? 그렇지? 누나 잘했지?"

빗소리가 커지는 만큼 은채는 점점 크게 울부짖었다.

"막내야. 좀만 더 살아보지 그랬어. 아무리 원망스럽고 도무지 이해 안 되는 세상이라도, 앞으로 희망 같은 거 없어 보이는 세상이라도 더 살아보면 나중에 이 세상 소풍 끝나는 날, 가서 아름다웠다고 말할 수도 있지 않았겠냐. 바보야."

은채는 카타르시스*를 느꼈다. 다음 주 상담이 기다려졌다. 현서에게 정말 감사하다고. 살아주어서, 버텨주어서 고맙다고, 당신은 내가 본 모든 이 중 가장 강인한 사람이라고 말해주고 싶었다.

---

* 카타르시스: 정화, 마음속에 억압된 감정의 응어리를 언어나 행동을 통해 외부에 표출함으로써 마음의 안정을 찾는 일.

02

우리들의 이야기

함박눈

‘이 지상에 까다롭고 어렵지 않은 것이 어디 있겠는가? 단지 사랑만이 우리가 장애를 극복해 나가도록 도와주고, 우리를 위해 길을 열어주며, 다른 사람들이 근심에 차서 불안에 떨고 있는 그 협착한 영역에서 우리를 느높이 고양시켜 주는 것이다!’

– 요한 볼프강 폰 괴테의 ‘빌헬름 마이스터 수업시대’ 중

재이에게 사랑은 가장 어려운 것이었으나 가장 쉬운 것이기도 하였다.

◆

재이에겐 얄궂은 습관이 있었다. 중년 여성, 그러니까 재이의 나이에 25살을 더한 나이 즈음 되어 보이는 여성들을 발견하면 빤히 얼굴을 쳐다보는 것이다. 그러다가 눈이 마주칠 때면 재이는 옅은 웃음을 지어 보였다. 재이의 미소는 누가 보아도 환하고 아름다웠다. 다만 보는 이로 하여금 마음 한편을 무겁게 하는 아픈 미재이기도 했다. 재이의 아버지는 유난히 재이의 어머니에 대한 이야기를 아꼈다. 재이는 아주 오래된 사진처럼 어머니와의 추억을 하나 가지고 있었는데, 크면서 그 단 하나의 사진마저 점점 흐릿해져 가고 있었다. 재이는 조그마한 방 안에 앉아 있었고, 가지런히 정돈되어 쌓여 있는 이불 옆의 창문에서 아주 맑은 햇빛이 들고 있었다. 어머니는 그 창문을 활짝 열었고, 어머니의 미소와 가을날의 햇빛은 눈이 부실 정도로 밝고 따듯했지만 어딘가 무거운 느낌이 있었다.

재이의 아버지는 꽤나 다정하고 재이에게 말을 많이 하는 사람이었지만, 유독 어머니에 대한 이야기는 재이에게 하지 않았다. 중학교 2학년이 시작되기 전 겨울, 아버지마저 돌아가시던 날, 해가 방긋이 비춤과 동시에 함박눈이 쏟아지던 이상한 날, 재이는 유난히 차가웠던 함박눈을 맞으며 부모님은 애초에 세상에 존재하지 않았던 사람들 같다고 생각했다.

동네에서 재이를 모르는 학생은 없었다. 재이는 유난히 하얀 피부와 작고 갸름한 도화지 같은 얼굴 속에 오밀조밀 자리 잡은 섬세한 이목구비 덕에 길을 가다가도 남자건 여자건 할 것 없이 뒤돌아보게 만들었다. 재이는 학창시절 내내 친구들과 몰려다녔다. 정확히는 친구들이 재이에게 몰려들었다. 재이의 인형 같은 외모는 친구들, 동생들, 동네 오빠, 언니들까지 일종의 경외심을 가지게 했고, 사람들은 그 묘한 감정과 함께 자연스레 재이를 곁에 두고 싶어 했다. 우리 모두 자신을 기분 좋게 하는 것을 좋아하지 않는가? 재이는 바라만 보아도 기분이 좋아지는 사람이었다.

"할머니, 저 학교에서 왕따예요. 저 학교 그만두고 싶어요."

재이가 16살이 되던 해 화이트데이, 재이는 들고 있기에도 벅차 보이는 초콜릿과 사탕, 꽃으로 가득한 큰 바구니를 양손 가득 안고 집에 돌아와 참으로 아이러니한 말을 했다. 엄마 없이 큰, 아빠마저 일찍 보내버린 재이에게 사랑 하나만은 꼭 주고 싶었던, 또 재이가 사람들에게 사랑받기를 바랐던 할머니에게는 너무나도 마음 아픈 소식이 아닐 수 없었다. 재이는 어린 나이였지만 어렴풋이는 할머니가 받을 상처를 알고 있었기에 죄책감이 들기도 하였으나, 질풍노도와 같은 재이의 자극 추구를 막을 정도는 아니었다.

재이는 공부엔 전혀 관심이 없었다. 그러다 보니 아침 일찍 학교에 나가 수업을 듣는 것도 좀이 쑤셔 죽을 지경이었고, 방과 후 친구,

아는 언니, 오빠들과 노는 것이 삶의 유일한 낙이었다. 속된 말로 '불량 청소년'이 그러하듯 재이 또한 아는 언니, 오빠들과 술, 담배는 했지만 나쁜 짓은 하지 않았다. 사춘기의 재이에겐 집에서 할머니와 오붓하게 텔레비전을 보는 것보다 훨씬 재밌는 일인 것은 당연했다. 그리고 늘 그 술자리는 아는 오빠들의 마음에 부채질을 하였고, 재이는 힘껏 내린 교복 치마와는 달리 점점 오해와 질투의 대상이 되었다.

"재이야, 너 진짜 준수 오빠랑 잤… 아니 사귀어?"

중학교 3학년, 새 학기가 시작되자 뒤에서 맴돌았던, 주인도 책임도 없는 소문들은 서서히 재이에게도 들려오기 시작했다.

"응? 준수 오빠가 누군데?"

재이는 동그란 눈을 더 동그랗게 뜨며 대답했다. 진심이었다. 재이는 이성에게는 유난히 관심이 없었다. 그저 사람이 고픈 외로운 아이였다. 다만 밑 빠진 독처럼 사람과 사랑을 아무리 채워 넣어도 줄줄 새어버리곤 했기에, 남녀노소를 가리지 않고 많은 사람과 어울렸다. 준수 오빠 또한 언젠가 술자리를 한 번쯤 같이한 인물 중 한 명이었을 것이다.

나중에 알게 된 것이지만 사람들은 재이에게 어울리는 사람은 옆 학교의 아이돌 연습생뿐이라고 생각하였고, 그게 바로 준수 오빠였다. 준수 오빠의 팬층은 재이 못지않게 두터웠고, 누군가가 만들어낸 자극적인 열애설은 열다섯의 소녀들에게 충격과 질투를 일으키기에 충분했다. 소문은 점점 기괴하게 변하여 퍼졌고, 재이는 심지어 제일 친한 친구들과 담임선생님에게까지 오해받았다.

"너 맨날 오빠들이랑 술 마시고 그럴 때부터 알아봤어."

"재이야, 할머니 생각해야지. 그렇게 남자애들이랑 불건전하게 어울리고 다니고 그러면 할머니 힘드셔."

이후, 재이는 친구들과 선생님에게 진지하게 이야기하기도 하고, 울며 호소도 해보았지만, 소문은 사실이 되어 진실은 점점 흐릿해져 갔다. 진실은 취사선택이 되는 것이 아님에도 좀 더 재밌는 것이, 자극적인 것이 진실이 되어버렸고, 남겨진 사실이 된 소문이 재이에게 줄 영향뿐이었다. 그리고 결국 재이는 가장 친한 친구들에게 외면을 당했다.

하시만 같이 놀던 언니, 오빠들은 재이의 편이었다. 재이에겐 항상 소속이 필요했고, 언니, 오빠들이 내민 손을 재이는 덥석 잡았다. 새롭게 둥지를 튼 언니, 오빠무리들의 반은 학교를 자퇴하고 아르바이트를 하며 지냈다. 그리고 자연스레 학교를 그만두어도 어른들이 말하는 '큰일'이 나는 것이 아님을 깨달은 후, 재이는 점점 학교에 나가지 않기 시작했다. 결국 할머니에게 자퇴를 선언했고, 할머니는 '딱한 것이 사랑을 못 받아봐서, 친구들이랑 잘 어울리지 못한다'라며 자책하셨다. 그리고 이 소식을 듣자마자 큰아버지는 다른 지방에서 3시간을 걸려 그날 밤 바로 집에 찾아왔다.

"나를 보고도 그런 말이 나와? 무식하고 사고 친 애라고 무시 받고 살고 싶어? 남들은 가만히 있으면 중간은 간다던데, 죽을 듯이 살아도 중간도 못 가는 그런 인생을 살고 싶냐고!"

"그럼 왕따인데 어떻게 하라고!"

재이가 울먹이며 말했다. 억울해서가 아니고 잔뜩 격앙된 큰아버지가 무서웠기 때문이다.

"친구들이랑 잠깐 사이 안 좋을 수도 있어, 그런데 지나고 보면 그런 게 다 추억이고, 언제 그랬냐는 듯 잘 지낼 거다. 이거 지금 도망치는 거야. 도망쳐 벗어난 곳에 행복이 있을 것 같아? 나중에 분명 더 후회해 너."

"학교에서 밥도 혼자 먹는데 어떻게 해 그럼!"

사실 재이는 당장에 학교를 안 나가는 언니, 오빠들과 놀고 싶은 마음에 자퇴를 선언한 것이었으나, 큰아버지를 이길 방법은 왕따 아닌 왕따를 밀고 나가는 것밖에 없음을 직감했다.

"어휴, 어휴!"

큰아버지는 자신의 애꿎은 여윈 가슴을 서너 번 강하게 내리쳤다.

"나 그냥 생각 없이 자퇴하려는 거 아니야. 빨리 일해서 돈 벌 거야."

옆에서 눈물을 훔치고 계신 할머니를 보고 재이는 아무 말을 시작했다.

"나 그… 그래 미용실 들어가서 미용도 하고, 미용사 자격증도 따고 서울 올라가서 일하고 그럴 거야!"

큰아버지는 결국 한동안 할머니와 이야기를 나눈 후, 재이에게 인사 한마디 없이 돌아갔다. 그리고 할머니는 재이의 손을 꼭 붙잡으며 말씀하셨다.

"그려, 재이야. 너 하고 싶은 대로 혀. 이렇게 착한 내 새끼 괴롭히는 애들 다 천벌 받을 거여. 원래 하늘에 죄를 얻으면 빌 곳이 없는 겨. 지금처럼 착하게 예쁘게 살면 우리 재이, 사람들이 다 좋아할 것이고, 성공하고 그럴 것이여."

그날 밤, 잠에 들지 못하고 뒤척이는 할머니 옆에서 재이는 새벽 내내 가슴이 답답했지만, 마른침을 연달아 삼킬 뿐 아무 말도 하지 못했다.

◆

이후 학교를 그만두면서 유난히 재이를 아껴주었던 수학 선생님이 위센터(Wee center)를 소개해주었다. 위센터란 교육청 차원에서 학생들을 대상으로 운영되는 체계로써 심리상담사, 정신과의사, 임상심리사, 사회복지사 등의 전문 인력들이 청소년들의 위기극복을 돕는 기관이다. 비단 위기학생뿐만 아니라 학교 밖 청소년들에게도 심리, 특기 및 적성 진로계발 등을 주제로 상담을 제공하거나 멘토링을 지원한다.

위센터에서 만난 상담선생님은 항상 재이에게 친절했다. 그리고 재이를 진심으로 존중하고 공감해주었다. 원래 상대방의 사랑과 마음이 아무리 진심이어도 자신을 이해해주지 못한다고 느끼면 그것은 아무 소용이 없는 법이다. 하지만 위센터의 상담선생님은 재이를 온전히 이해하고 공감해주었고, 재이는 자신을 진정으로 이해해주는 어른을 처음 만났기 때문에 이내 상담선생님에게 마음을 터놓을 수 있었다. 상담선생님은 다양한 진로에 관해서 설명해주었다. 그중 하나는 올해 검정고시를 바로 치르고, 친구들과 똑같이 고등학교를 진학하는 것이었다. 재이는 별다른 계획을 세우고 자퇴한 것이 아니었기 때문에 마음 한편에 불안감을 지니고 있었고, 학교로 다시 돌아갈까 고민했다. 하지만 주변의 많은 언니, 오빠들은 대학교, 고등학교에 가지 않아도 잘 살고 있었고 이내 마음을 접었다.

결국 재이는 일 년 내내 오후까지 아르바이트를 하고, 저녁엔 언니, 오빠들과 어울렸다. 재이는 중학생들뿐만 아니라 지역 고등학생들에게까지 점점 유명해졌고, 재이와 친해지고 싶어 하는 오빠들이 줄을 설 정도였다. 하지만 결국 가장 힘 있는 오빠들만이 재이와 친해질 수 있었는데, 재이는 뒤에서 알음알음 벌어지는 경쟁과 시기, 질투를 전혀 모르고 있었다.

"아, 쟤야?"

일이 끝난 후, 아는 오빠들과 동네 카페에서 커피를 마시고 있을 때 정우가 들어와 재이를 시큰둥하게 쳐다보며 말했다.

"안녕하세요? 근데 누구세요?"

재이는 훗날에도 이 첫 만남의 감정이 생생하게 남게 된다.

'못생긴 게 싸가지도 없네.'

정우는 최근에 알음알음 친해진 고등학교 오빠들의 친구였다. 하나같이 오토바이의 배기구, 일명 '마후라'를 건드려 온 동네 사람들의 시선을 받으며 온 오빠들과는 달리 정우는 앞에 바게트 바구니가 달린 자전거를 타고 조용히 카페에 도착했다. 재이는 자신에게 눈길조차 주지 않는 정우에게 왜인지 괘씸함을 느꼈다. 이후에 재이는 길거리에서 우연히 정우를 마주쳤지만 정우는 눈을 마주치고도 인사하지 않았다. 재이가 호주머니 속에 꼭 넣은 손을 꽉 쥐자 누가, 언제 주었는지 기억도 나지 않는 전화번호가 적힌 쪽지가 손에서 구겨졌다.

이후에도 언니, 오빠들과는 자주 어울렸지만 정우는 잘 나타나지 않았다. 친구들에 의하면 재이보다 두 살이 많은 열아홉 살의 정우는 군대 부사관 입대를 준비한다고 했다.

"걔, 진짜 열심히 살아. 학교 끝나고 맨날 일하고, 공부하고, 운동하고 그래."

"아, 그래요? 뭐, 사실 누군지 잘 기억도 안나요."

재이는 여태껏 몇 없는 정우의 기억을 여러 번 더듬어왔으나, 최대한 무관심한 척 말했다.

"걔, 되게 멋진 놈이야."

"아, 네…."

재이는 목 끝까지 차오른 '왜요?'라는 말을 삼키며 별다른 대답 없이 정우 친구를 멍하니 쳐다보았다.

◆

"어! 오빠 안녕하세요!"

이후 시간이 지나 재이가 아르바이트하던 패스트푸드점에 우연히 정우가 찾아왔고, 재이는 자신도 모르게 정우에게 쩌렁쩌렁하게 인사했다. 말을 뱉자마자 재이는 이불킥을 예감했다. 재이는 정우에 대해서는 혼자만의 세계에 빠져 있고, 혼자만의 세상에는 객관성이 없다.

"어, 어 안녕?"

정우는 재이 못지않게 당황했지만 이내 평정심을 찾고 말을 덧붙였다.

"나는 게살버거 세트 하나."

재이는 애증이라는 양가감정을 처음으로 느꼈다. 분명히 미운데 어느새 손은 케첩을 두 개나 더 얹고 있었다. 정우는 분명히 사람에게 다소 거리를 두려는 듯한 차가움을 지니긴 했지만, 재이는 어쩐지 그 사람에게 호감을 느끼고 있었다. 결국 재이는 정우의 번호를 물어보았고, 정우가 게살버거 세트를 게 눈 감추듯 먹는 동안 햄버거 가게 안에는 민망함이 가득 맴돌았다.

이러나저러나 세상은 아무런 일도 일어나지 않은 것처럼 흘러갔다. 재이는 종종 연락을 했지만 답장은 가끔씩 올 뿐이었다.

"승연이 애들, 그 언니들이랑은 어울리지 마라."

정우의 마지막 답장이었다.

◆

열여덟 살이 된 재이는 남자친구를 따라 서울로 올라갔다. 재이의 첫 남자친구는 초등학교에서부터 원래 알던 오빠였다. 대학생임을 으스대며 중학교도 졸업하지 못한 재이를 은근히 무시하기도 했지만 다소 모자란 사람일 뿐, 나쁜 사람은 아니었다. 재이는 할머니에게 짐이 되고 싶지 않아 빨리 독립을 하고 싶었고, 2년 동안 일을 해서 모은 돈으로 서울에서 미용학원을 등록하고 다니고 있었기 때문에 머물 곳이 필요했다. 그리고 종종 재수는 없어도 재이는 사랑받고 있는 기분이 좋았다. 재이에게 사랑은 라면 수프같이 강렬한 것으로, 아무리 맹맹한 현실이라도 그것만 치면 맛이 살아났다.

새이는 서울로 올라와 미용학원을 다니며 두 명의 친구를 사귀었다. 두 명 다 학교 밖 청소년으로 한 명은 재이와 같이 지방에서 올라와서 미용을 배우고 있었다. 세 명은 똘똘 뭉쳐 다니며 서로의 위안과 지지가 되어주었다.

열아홉이 되기 전 겨울, 재이는 오랜만에 정우를 생각해냈다.

"승연이 애들, 그 언니들이랑은 어울리지 마라."

정우의 마지막 말처럼 재이는 결국 승연 언니를 포함한 그 무리와 멀어졌다. 재이는 사람을 나쁘게 보는 법을 몰랐고, 사람 보는 눈은 바보에 가까웠다. 언니들은 학생 때부터 흡연과 음주를 했고, 남자들을 유난히 좋아했다. 그렇기는 해도 나쁜 사람들은 아니라고 생각했다. 하지만 언니들 중 몇몇은 성인이 되어 노래방 도우미로 일을 했고, 승연 언니는 어머니가 지병으로 생사를 오고 갈 때조차 나이트에서 놀고 있었다는 이야기를 듣자 정을 떼고 점점 연락하지 않았다. 재이는 오렌지를 짜서 자몽즙이나 포도 주스가 될 수는 없다고 생각했다. 그리고 정말 무서웠던 것은 자신도 자신이 무엇인지 모르겠다는 것이었다.

스무 살, 성인이 되기 전 대학교 신입생과 바람이 나버린 남자친구와 헤어지고 재이는 잠시 미용학원에서 만난 친구 집에서 생활했다. 밑 빠진 독처럼 계속해서 무언가가 채워지지 않는 재이였지만 무언가에 진득하게 몰입할 에너지가 없었고, 결국 미용 또한 관두었다. 계속해서 미용일을 배우던 친구와 연애 이야기를 하며 재이는 오랜만에 정우 이야기를 꺼냈다. 아무리 체면이 재이를 붙잡아 두지 않았던들, 이미 몇 번은 연락했을 터였다. 왜인지 제대로 이야기 한번 한 적도 없지만 정우만은 자신이 괜찮은 여자라 알아볼 수 있을 만큼 총명한 사람이라 생각하고 싶었다. 재이는 잠시 집에서 나와 담배를 꺼냈다. 유난히 날이 차지 않은 겨울밤이었다. 바람 속에서는 마른풀 향기가 났다. 하늘을 올려다보니 별 한 점이 보이지 않았다. 갑자기 알 수 없는 곳으로 내던져진 기분에 재이는 눈물을 흘렸다. 문득 정우 생각이 스쳤고, 가슴이 설레었다.

◆

성인이 되고 처음으로 정우를 만나는 날이었다. 재이는 무슨 옷을 입을지 한참을 고민했다. 날이 많이 풀렸으니 화사한 원피스에 트렌

치코트를 입을까 했으나 2월에 트렌치코트는 너무 멋부리는 것만 같아 그만두었다. 그래도 재이는 이번 겨울 사놓고 몇 번 입지 않은 베이지색 코트는 꼭 입고 싶었다. 얼어 죽어도 코트, 일명 '얼죽코'로 일교차가 심하다는 기상예보를 뒤로한 채 안에는 얇은 셔츠만을 입고 베이지색 코트를 입었다.

'음, 아이돌 뺨 때리는군'

전신거울을 보니 꽤나 흡족했다.

재이는 코트를 잠시 벗어두고 화장을 시작했다. 재이는 화려한 이목구비와는 달리 항상 평범한 눈에 띄지 않는 아무개처럼 살고 싶어 했다. 색조 화장은 거의 한 적이 없고, 신크림에 틴트 정도를 바를 뿐이었다. 하지만 정우에게만은 아무개가 되고 싶지 않았고, 평소에 하지 않던 색조 화장을 유튜브를 보며 따라 했다. 다소 진하다고 생각했지만 재이는 요새는 많이들 이렇게 한다고 마음먹고 자신감을 가졌다.

"귀신이냐?"

정우는 카페에서 재이를 보자마자 장난을 쳤고, 재이는 힘을 실어 정우의 어깨를 때렸다.

"너, 진짜 싫어!"

재이는 거의 울먹거리며 정우를 바라보았고, 정우는 그 모습이 그저 귀여웠다.

정우는 군인이 되어 있었다. 몸은 꽤나 탄탄하여 옷태가 났지만 여전히 잘생긴 얼굴에 패션 감각 또한 꽝이었다. 애매한 통의 청바지에 군대 보급용 구두를 신은 정우를 보고 재이는 속으로 한숨을 쉬었지만 마치 오랜 친구를 만난 듯 마음이 편안했다.

"잘 지냈어? 딱 나 휴가일 때 연락했네?"

"네, 지금은 서울에 올라와서 친구 집에서 지내고 있어요."

"아, 나도 휴가라서 친구네서 지내는 중인데."

다시 정적이 흘렀다. 둘의 만남에는 항상 미묘한 기류가 흘렀다. 어느 정도의 아이스 브레이킹이 끝나고 재이는 아껴왔던 질문을 했다.

"근데요, 왜 저한테 승연 언니네랑 어울리지 말라고 했어요?"

정우는 마른 미소를 한 번 지어 보인 후 대답했다.

"그냥… 너는 걔네랑 안 어울리는 사람이니까."

정확히 재이가 듣고 싶어 하던 말이었다.

"내가 너에 대해서 무얼 알겠냐마는 항상 웃고 있어도 슬퍼 보였고, 외로워 보였어. 슬픔이란 것은 삶에서 무언가 중요한 것이 빠져 있다는 메시지래. 그런데 그게 너한텐 사람인 것 같았고, 그래서 외로워 보였달까?"

사람들은 봐주었으면 하는 면만 보는 것은 아니다. 분명 그 너머의 것이나 그 이면의 것까지 볼 수 있는 사람들이 있다. 정우가 그런 사람이었다. 재이는 다 들켜버린 것만 같은 기분을 느낌과 동시에 문득 정우도 자신과 닮은 사람이라고 생각했다.

"그런데 단지 허했을 뿐인 거지, 승연이네 애들처럼 선 넘을 사람으로는 안 보였어."

"맞아요, 사람들이 저 보고 맨날 곰 같대요. 사람 볼 줄 모르고, 자기 몫 챙길 줄도 모르고… 막 여우처럼 살아야겠죠?"

재이는 배시시 웃으며 물었다.

"아니, 곰도, 여우도 될 필요 없지 않나? 사람답게 살면 되는 거지. 때론 이러기도 하고, 때론 저러기도 하면서…."

데이트는 자신을 매료시키는 사람에 대한 가설을 테스트하는 것이라고 했다. 여태껏 사람들은, 남자친구조차 재이에게 '너는 단순해서 모르겠지만, 복잡하고 심오한 나는 다 안다'라며 으스대는 사람들뿐이었다. 하지만 정우는 달랐다. 재이에게 계속해서 조그마한 감동을 주고 있었다.

카페에서 나와 함께 밥을 먹고, 맥주도 한 잔씩 한 후에 둘은 헤어졌다. 마지막으로 정우는 손을 벌려 재이를 안아주었다. 그리고 재이는 이후 거의 한 달 동안 구름 속을 떠다니듯 행복에 겨워 지냈다.

◆

사랑은 항상 운명이 걱정해준다. 가끔씩 운명이 얄궂은 마음을 품을지라도, 분수를 아는 순수한 사랑은 분명 운명이 보살펴 줄 가능성이 크다. 재이는 친구 집에서의 신세를 마치고 정우와 함께 지내기 시작했다. 정우는 같이 지내는 내내 잔소리하는 법이 없었다. 그러나 항상 사랑이 고팠던 재이는 확인받고 싶어 했다.

"내가 왜 좋아?"

"나 뚱뚱해지면 싫어할 거지?"

"오빠도 나 초졸이라 부끄러워?"

그럴 때면 정우는 항상 애정 어린 한숨을 쉬며 말했다.

"에휴, 내가 너랑 사귀는 건지, 키우는 건지."

"그래서 내가 싫냐고!"

"에이, 싫으면 안 만나지."

재이가 발을 동동 구르며 대답했다.

"아니, 그런 거 말고!"

"나는 네가 나 만나줘서 얼마나 감사한데, 너만 왜 자신감이 없냐? 자신감을 잃으면 온 세상은 적이 되는 거야."

정우는 종종 깜빡이도 켜지 않고서 치고 들어오곤 했는데, 그럴 때면 재이는 항상 당황했다.

"내가 어떻게 자신감을 가져! 초졸에다가 돈도 없고, 할 줄 아는 것도 없고, 아무 쓸모도 없잖아 난!"

정우가 카페 옆자리에 있는 아기를 보고 말했다.

"그럼 이 아기는 무슨 쓸모가 있는데?"

아기 엄마가 정우를 찌릿 쳐다보았고, 재이는 울먹이다가 웃음이 터져나왔다.

여느 커플처럼 티격태격하기는 했지만, 재이는 본인도 모르게 점차 안정되고 있었다. 정우를 사랑한 이후로, 재이는 스스로가 매우 소중한 존재가 되고 있었다. 과거와 현재에만 머물던 시선이 미래를 내다

볼 수 있게 되었고, 일하면서도 간호사라는 꿈을 키웠다. 중학교를 그만두며 만났던 위센터의 상담선생님께 연락을 취했고, 두드림 청소년 지원센터를 연결해주었다. 두드림 청소년 지원센터의 지원을 받아 중학교, 고등학교 검정고시를 차례로 통과하였다. 그렇게 재이는 21살이 되고, 22살이 되고, 간호학과 신입생 입학을 앞둔 23살을 맞이하는 겨울을 마주했다.

오랜만에 서울로 가서 미용사가 된 친구들을 만났다. 친구들은 재이의 대학교 입학을 진심으로 축하해주었다. 재이가 손을 꼼지락거리며 말했다.

"에이, 남들은 이제 취업할 땐데 나는 이제 공부 시작인걸. 엄청 돌아온 거 같아. 그냥 학교 다녔으면….."

"야, 그랬으면 우리 만나지도 못했고, 정우 오빠도 못 만났을걸?"

"그렇지?!"

재이는 점차 세상에 정답은 없음을, 우리는 언제나 충분히 불충분하고, 완전히 불완전함을 깨달으며 성장하고 있었다.

재이는 이제 다니게 될 학교를 한 번 둘러보았다. 정우가 데리러 가고 있는데 갑자기 눈이 와서 차가 막힌다며 조금 늦을 것 같다고 연락이 왔다. 이상한 날이었다. 해는 쨍쨍한데 함박눈이 쏟아지고 있었다. 기차역에서 내려 재이는 정우를 기다리는 내내 함박눈을 맞았다. 왜인지 이번에는 너무나도 포근했다.

03

우리들의 이야기

분노사회

좁은 땅덩어리에 인재가 많으니 사람 귀한 줄 모른다. 수출로 먹고살다 보니 사람보단 사물이 더 귀하다. 머리 위에서는 해마다, 달마다 미사일을 실험한다. 전쟁에 대한 공포는 우리의 DNA 속에 자리하고 있지만 '사는 게 더 힘들어서', '나 혼자 다치는 것은 안 되지만, 다 같이 죽는 것은 괜찮으니까'라는 마음으로 만성적인 불안을 안고 산다. 하루의 시작과 마무리는 예정된 스트레스다. 버스와 지하철에서는 찐득거리는 살결을 맞댄 채, 코를 막아도 사람들의 땀 냄새, 겨드랑이 냄새, 묵직한 트림 냄새가 코를 지나고, 목구멍을 지나 삼켜지는 듯하다.

'사촌이 땅을 사면 배가 아프다'

우리는 낮은 자존감과 열등감, 잘된 것은 나의 덕, 잘못된 것은 남의 탓을 하며 외부 귀인의 오류 속에 살아간다. 인터넷 속의 신조어는 각종 분노와 혐오로 가득하다. '과메기', '홍어' 등 특정 지역을 비하하며 지역감정을 조장하고, '한남', '김치녀' 등 성으로 편을 갈라 싸우며, '설명충', '진지충', '맘충'이라며 사람을 벌레로 비유하고, '이게 나라냐?'

라며 결국 팍팍한 삶을 '헬조선'의 탓으로 일단락 짓는다. 뉴스에서는 매번 더 괴랄한 방식의 살인, 강간, 폭행 등을 저지른 금수들이 소개된다. 우리는 분노사회 속에서 살아간다.

◆

중학교 3학년 때, 집을 나와 일주일간 편의점에서 소주 한두 병을 사 마시며 비틀거리며 빈 건물을 찾아다녔다. 일부러 불빛 하나 없는, 내 존재가 없는 듯 자리할 수 있는 최대한 어두운 곳을 찾아다녔지만 슬프게도 무섭고 외로웠다. 잠은 쉽게 들지 않았다. 여태 누가 내게 권선징악이니, 착하게 살면 복이 온다느니 가르친 것일까? 나보다 심보가 나쁘고, 죄를 저지르고 살아가는 친구들은 오히려 집에서 따뜻한 밥을 먹으며 폭신한 침대에서 잠을 자고 있을 텐데 말이다. 억울했다. 그리고 비참했다.

보통의 사람은 맨몸으로 세상에 던져지지만, 따뜻한 집에서 추위를 견디고 만반의 준비를 해서 사회로 나간다. 조금 더 불행한 이들은 차가운 세상과 부딪혀가며 경험이라는 실로 손수 바느질한 옷을 한 겹씩 입어가며 세상에 버텨간다. 그런데 나 같은 부류는 성인이 되어서도 어릴 적 잘못 바느질된 기억들이 쌓여 바느질을 푸는 데에 온 시간과 에너지를 쏟는다. 나의 노력은 뒤로 가는 노력이다. 죽을 듯이 열심히 살아도 나는 평생을 터져버린 과거를 기우며 살 것이다.

어긋남의 시작되기 전, 우리 가족이 가장 단란했던 시절의 기억은 내가 일곱 살 때 간 에버랜드에서의 순간이다. 아버지는 가기 전부터 현충일에 무슨 놀이공원이냐며, 사람에 치여 죽을 게 뻔하다며 가기 전부터 불평했다.

"아이 쌍, 주차장이 만원이면 안내를 좀 제대로 해야하는 거 아니에요?"

도착한 놀이공원에는 아버지의 예상대로 많은 인파가 몰렸고, 주차장을 빙글빙글 두 바퀴를 돌고 나서 결국 폭발해버린 아버지는 주차요원에게 화풀이했다.

"아, 네. 죄송합니다. 저쪽으로 안내해드리겠습니다."

여느 6월 초에 비해 때 이른 더위가 찾아왔고, 젊은 안내요원의 얼굴에는 주르륵 흐르는 땀 뒤로 분노가 멈칫 드러났다. 그러곤 계속해서 울리는 무전기 소리를 핑계 삼아 무전기를 들어 올려 입에 대고 무어라 대답하며 더 이상 아버지에게 관심을 주지 않겠다는 표현을 명확히 했다.

"에이, 씨발, 다시 이런 데 오나 봐라!"

아버지는 씩씩거리며 핸들을 쳤고, 조수석의 엄마, 뒷자리의 나와 다섯 살 동생은 불편함 가득한 차 안의 무거운 공기 속에 한참을 더 쥐 죽은 듯이 있다가 겨우 주차를 하고 나서야 맑은 공기를 만끽할 수 있었다.

아버지는 구석진 데만 발견하면 담배를 꺼내 들었다. 사람들의 눈총은 신경도 쓰지 않는 듯했다. 엄마는 한참을 줄을 서 나와 동생에게

츄러스와 핫도그를 사주었고, 아버지는 담배를 피우고 돌아와 내 볼에 묻은 케첩을 신경질적으로 닦았다. 아버지와 엄마는 나와 동생이 놀이기구를 기다리는 한두 시간 동안 출구 앞에 있겠다고 하곤 잠깐씩 돌아다니고 오셨다. 그리고 다 같이 출구에서 만나기를 반복했다.

점심시간도 전에 도착해 밤까지 열심히 놀이기구를 탔다. 그럼에도 사람들이 너무 많아 놀이기구를 다섯 개밖에 타지 못했지만 만족스러웠다. 비참하지만 이것이 처음이자 마지막 가족여행이었으며, 남들이 흔히 떠올리는 가족 같은 유일한 추억의 조각이다.

중학교 때에는 맞지 않은 날이 없었다. 과장해서 말하는 것이 아니라 정말로 없었다. 아버지는 매일같이 술을 마시고 들어와 매를 들었다. 매로는 재미가 없었는지 매를 집어던지곤 주먹으로 나를 때렸다. 난 유난히 성장이 느렸고, 중학교 때에 내 키는 160센티미터였고, 몸무게는 50킬로그램밖에 되지 않았다. 그런 나를 온몸에 피멍이 들도록 매일같이 때렸다.

중학교 3학년 때, 처음으로 아버지에게 저항한 적이 있다. 아버지는 그날도 어김없이 내게 주먹질을 하고 있었고, 나는 그런 아버지를 밀치고 그만 좀 하시라고 소리치곤 집을 나왔다. 나는 아버지가 잠들길 기다리며 밖에서 몇 시간을 서성이고 집에 들어갔다. 그리고 신발장에서 아버지의 신발을 보곤 주저앉아 한참을 울었다. 두렵고 비참해서 눈물이 그치지 않았다. 아버지를 증오했지만, 그때 내가 처음으로 저항하고 집으로 다시 돌아온 그때, 조금이라도 내게 미안한 척이라도 해줬으면 난 이렇게 되지는 않았을 것 같다. 성인이 된 지금, 난 아버지가 무섭지 않다. 나는 내가 무섭다. 집에 다시 돌아간 그날 아버지가 내게 했던 것처럼, 당장이라도 달려가 칼을 쥐고 죽여버린다고 해버릴까 상상하는 내가 무섭다.

그날 이후 나는 흔히 말하는 미친놈이 된 것 같았다. 화를 주체할 수 없었고, 진심으로 아버지를 해치고 싶었다. 그전엔 자해하는 데에 그쳤지만 이제는 아버지를 해치고 싶었다. 나는 미쳤지만 정상이었다. 정신 나간 세상에서는 안 미친놈이 비정상일 테니까. 그래도 내가 지금까지 사달을 내지 않을 수 있던 것은 그 무렵부터 아버지가 돌아올 기약 없는 해외 파견을 나가게 되어서였다. 이는 후에 알게 된 것이지만 어머니가 아버지에게 반강제의 권유를 한 것이었다. 중학교 이후에는 아버지를 1년에 한 번씩 마주치는 정도였다.

◆

사이코패스가 공감과 죄책감에 무던 사람들이라면, 난 그걸 뭐라고 표현하는지는 몰라도 그와는 반대인 사람이었다. 어릴 적부터 그랬다. 실수로 개미라도 밟을 때면 나는 스스로 개미가 되어 큰 거인이 나를 짓누르는 상상을 했다. 그리고 몸통이 짓눌린 채 죽은 개미 앞에서 한참을 기도하고 명복을 빌어주고 가곤 했다. 친구들과 달리기라도 할 때면 승부욕에 저만치 달려가 1등을 차지해놓고는 마음이 아파 다시 한 번 달리자 해놓고 일부러 져서 '내가 졌다' 하며 패배를 자처했다.

초등학교 5학년 때, 한 번은 설날에 할머니 댁에 가기 전에 키우던 거북이를 가져가자고 한 적이 있었다. 이틀 동안 혼자 있을 거북이가 혹시 어떻게 되지는 않을지, 배고프지는 않을지 걱정되었다. 아버지는 당연히 내 말을 듣는 척도 않았고, 엄마는 잠깐 다녀오는 것이니 괜찮을 것이라며 나를 달랬다. 내가 할머니 댁에 있는 동안 거북이는 어떻게 인지는 몰라도 내 방에 있는 자그마한 자기 집을 나와 거실을 지나 식탁까지 자유롭게 여행하고 있었고, 내가 집에 도착하자 아마 처음이자 마지막 여행을 마치고 숨을 거둔 상태였다. 이후 잠시 이성이 끊어져 내가 어떻게 했는지 잘 기억은 나지 않는다. 거북이를 두 손에 꼭 쥔 채 울며 소리치며 '얼마나 배고팠으면 집 나와서 여기까지 왔겠어', '내가 데려가자고 했잖아!'와 같은 말을 했던 것 같다.

'짝'

이후의 기억은 선명하다. 아버지는 내 뺨을 때렸고, 나는 온 힘이 빠진 채 손에 꼭 쥔 거북이를 놓치며 옆으로 쓰러졌다.

"남자 새끼가 계집애처럼. 징징댈 줄만 알지 어휴."

"당신 미쳤어요?"

엄마는 놀라 아버지를 말리며 소리쳤다.

"뭐! 내가 틀린 말 했어? 내가 얘 나이 때는... 어휴 됐어. 얘는 지 여동생만도 못하잖아. 맨날 질질 짜고 쯧쯧."

이때의 기억은 이후의 더 심한 매질에도 가장 큰 아픔으로 남았다. 아버지의 손과 내 뺨이 맞닿으며 '짝'하며 난 찰진 소리는 계속해서

환청처럼 들려왔다. 이 소리는 평생 내 가슴속에서 울려 퍼질 소리였다.

어릴 적 나는 아버지가 생각하는 것처럼 형편없지 않았다. 학교에서는 의외로 인기도 많았다. 공부도 나쁘지 않게 했고, 무엇보다 나는 예민하고 섬세한 성격으로 친구들을 어린 나이답지 않게 배려할 줄 알았다. 자해를 시작하기 전, 중학교 1학년 때에는 반장직을 맡기도 하였다.

그때 딱 한 번 반장을 했지만 허울만 좋은 그런 자리는 다시는 안 하기로 마음먹었다. 나는 리더라면 숙일 줄 알아야 한다고 생각한다. 숙일 줄 아는 사람은 거품이 적으니까. 맥주처럼. 나는 모든 반 아이들에게 진절하게 대했지만, 선생님이 반장에게 원하는 카리스마는 전혀 없었다. 하루는 자습시간에 반 아이들을 조용히 못 시켰다는 이유로 심하게 매질을 당한 적이 있다.

"반장 나와! 잡아."

담임선생님은 넓적한 몽둥이로 칠판을 탁탁 치며 말했다. 나는 칠판에 두 손을 맞대었다.

"얼마나!"

'짝'

"시끄러웠으면"

'짝'

"옆 반 선생님이"

'짝'

"찾아와서"

'짝'

"애들 좀 조용히 시키라고 해!"

'짝'

억울했다. 찜통 같은 더위에 자습을 시켜두곤 교무실로 도망간 것은 내가 아닌데 말이다.

"죄송합니다."

죄송하지 않았다. 문제는 그게 티가 났다. 담임선생님은 약이 올랐는지 더 세게 매질을 해댔고, 나는 몇 대를 더 맞고는 자리에 쓰러졌다.

"에휴, 이런 애를 반장으로 뽑아놔서는… 남자애가 비실비실해가지고."

분노를 푸는 데에는 상대의 자존심을 긁는 것만 한 것이 없다. 매질이 끝나고 나는 조용히 자리에 들어갔다. 반은 선생님이 원하는 대로 쥐 죽은 듯 조용해졌지만 동시에 역겨운 공기가 맴돌았다.

담임선생님에게 심하게 매질을 당하고 온 후, 나는 서러움에 엄마 앞에서 울음을 터뜨렸다. 엄마는 내 엉덩이와 허벅지의 피멍을 보고는 학교를 찾아가겠다며 화를 내었다. 하지만 아버지는 그런 어머니에게 더 화를 내었다.

"냅둬! 당신이 그렇게 오냐오냐 키우니까 애가 이렇게 나약한 거야! 나 때는 말이야…."

이어지는 말은 대충 '자기 때에는 매 맞는 것이 일상이었고 나는 잘 견뎠다' '얘는 사내아이가 어찌 된 것이 픽 하면 운다' '이러면 세상 못 살아 나간다' 등의 말들이었던 것 같다. 아버지의 말도 맞다. 인간은 강하지 않으면 살아갈 수 없다. 다만 나는 생각한다. 인간은 강하지 않으면 살아갈 수 없지만, 부드럽지 않으면 살아갈 자격이 없다고. 나는 세상을 살아갈 수 없는 사람이고, 아버지는 살아갈 자격이 없는 사람이다. 그리고 살아갈 자격이 없는 사람들의 주인 없는 책임들이, 강하지 않은 사람들을 살아갈 수 없게 만든다.

아버지 말대로 나는 약했고, 이후 나는 인문계 고등학교에 입학했지만 3개월도 안 되어 자퇴했다. 잠깐 다녔던 고등학교는 1년에 꾸준히 3명 정도는 서울대에 입학시키는, 동네에서는 꽤나 알아주는 학교였다. 그래서인지 다들 치열하게 공부했다.

나는 조용한 학생이었다. 성적도 중위권에, 손목의 상처만 제외하면 전혀 눈에 띌 것 없는 학생이었다. 하지만 학교가 원하는 것은 선을 넘었다. 0교시부터 야자까지 필수였던 살인적인 스케줄은 독한 마음 없이는, 혹은 반대로 아무 생각 없이는 견디기 어려웠다. 물론 부모님이 알아주는 권위자이거나 촌지, 즉 뒷돈을 담임선생님께 찔러 준 몇몇의 행운아들은 예외였다. 역시나 난 해당사항이 없었다.

한번은 담임선생님께 진지하게 상담을 요청한 적이 있다. 자퇴 전 밑져야 본전이라는 생각이었다. 석식을 먹고 난 후, 담임선생님에게 찾아가 물었다.

"선생님, 저 진짜 공부를 왜 해야 하는지 모르겠어요. 저한텐 미래는커녕 현재도 없거든요."

담임선생님은 미간을 한 번 찌푸리고는 귀찮은 투로 대답했다.

"학생이 공부하는 건 의무야 의무. 좋든 싫든 군인은 나라를 지켜야 하는 의무가 있고, 시민은 세금을 내야 하듯이 말이야."

"아, 네… 감사합니다. 야자하러 갈게요."

나는 이내 말을 그만두었다. 진심을 다해 말하는데 누군가가 틀에 박힌 소리나 늘어놓는 것만큼 듣기 싫은 것도 없다.

어디서인가 인간의 욕구는 생리적 욕구, 안전의 욕구, 애정과 소속의 욕구, 존경의 욕구, 자아실현의 욕구 순으로 배열되어 있다*고 들었다. 또 이러한 욕구 피라미드는 순서대로 충족되어야만 상위 계층 욕구가 나타난다고 한다. 학교의 커리큘럼은 오로지 애정과 소속의 욕구까지는 무난히 충족된 학생들을 대상으로 짜여있는 것 같다. 그러니 미래의 욕구인 존경, 자아실현을 위해 공부를 강요하는 것이다. 나는 내일이 아닌 오늘, 존경과 자아실현이 아닌 의식주, 안전, 애정과 소속이 먼저 필요했다. 현재가 없는 미래의 꿈이 내게 주는 가치는 무엇인가? 이대로 가다간 성인이 되기 전에 나의 세상이 멸망할 수도 있는데 말이다. 그렇게 그날 저녁, 별것 없는 짐을 챙겨 학교를 나왔다. 나는 현재가 없기에 미래가 없다. 그리고 나의 현재는 과거가 없기에 없다.

....

* Maslow의 욕구 단계 이론

나는 시간을 깁고 있었다. 내 분노의 방향은 명확했다.

◆

1년 만에 아버지를 보았다. 아버지는 예고 없이 귀국하였고, 일을 마친 후 돌아와 신발장에 있는 아버지의 신발을 보곤 어린 날의 비참함과 분노가 되살아났다. 나는 그날의 아버지처럼 주방에서 칼을 꺼내들었다. 나의 광기 어린 눈과 마주한 아버지는 본능적으로 움츠러들었다. 나는 씨익 웃으며 조심스럽게 아버지를 향해 칼을 들었다. 그리고 아버지 앞에서 내 손목을 그었다. 그러자 불안하고 비참한 처지에서 벗어나 쾌감과 안락이 눈앞에 다가왔다. 끔찍한 꿈이었다.

아버지가 왔다 간 후에는 이런 비슷한 꿈을 많이 꾸게 되었다. 내 인생은 뒤로 가고 있다. 아무런 저항도 없이 온몸으로 받았던 상처의 기억들에 찾아가 마음껏 복수한다. 이렇게 나는 악몽을 먹고 자라고 있었다. 꿈이 아니라면 저 정도의 극단적 선택은 하지 않을 것이다. 하지만 지금의 나라면 이때 아버지의 면전에 '나는 죽는 것은 두렵지 않다. 약해빠져 죽어버려도 좋다. 다만 아버지처럼 살아갈 자격 없이, 죽은 듯이 사는 것만이 죽어도 싫다'하고 소리쳤을 것이다.

아버지는 지난달 일주일간 집에 왔다가 다시 인도네시아로 돌아갔다. 1년 만에 본 아버지는 여전히 혐오스러웠다. 아버지는 나를 보곤 21살이 되도록 대학교도 안 가고 아르바이트만 하고 산다며 혀를 끌끌 찼다.

"야, 너 군대는 안 가냐? 중졸이라 안 가도 되냐?"

아버지는 TV를 보며 히죽대며 내게 말했다. 아이러니하게도 나는 이때 아버지의 우울을 보았다. 어른들이 가만히 TV를 보며 시답잖은 것에 웃어젖히며 점점 유치해지는 이유를 알 것만 같았다. 아버지는 우울을 피하기 위해서는 아마 영혼도 팔 것이다. 처음으로 아버지가 불쌍해 보였다.

"저 이번에 검정고시 땄는데요."

아버지는 '네가 웬일이냐?'라는 눈빛으로 나를 잠깐 쳐다보고는 말 없이 TV에 집중했다.

"그리고 저 17살 때부터 하루에 12시간씩 일해서 지금 3,000만 원 가까이 모았어요."

나는 약이 올랐는지 계속해서 괜한 말을 하고 있었다. 아버지는 TV를 보며 한참을 아무 말 없이 예능 프로그램의 방청객 소리에 따라 바보 같은 웃음소리를 내었다.

"그래서 군대는?"

"저 정신과 다니는 거 떼면 안 가도 돼요."

아버지는 그제야 나와의 대화에 재미를 느끼곤 내 쪽으로 자세를 고쳐잡고 말했다.

"고졸에, 심지어 검정고시 고졸에 군대도 안 갔다오면 직장이나 잡겠냐? 가서 죽을 거 아니잖아? 자살할 거 아니면 가."

'말을 해도 시발'

마음에서 묵직한 무엇이 올라왔지만 이내 삼켰다. 불쌍하긴 무슨. 우울하면 혼자 죽어버리든 뭐든 하지 왜 하나밖에 없는 아들을 못 괴롭혀 난리인지 도무지 이해할 수가 없었다. 나는 대꾸하지 않은 채 담배를 집어 들고 집 밖으로 나왔다.

집에는 도무지 들어가기 싫었다. 친구들을 불러 술이라도 한잔 하고 싶었지만 몇 없는 중학교 친구들은 모두 군대에 가고 없었다. 결국 집 앞 편의점에서 소주 한 병을 사서 놀이터 앞 벤치에 앉았다. 한참을 멍하니 있었다. 그 와중에도 우울감은 그새 뿌리를 내려 내 주변의 모든 것을 빨아먹고 있었다. 어느 단란한 가정의 싸우는 소리, 개 짖는 소리, 메말라가는 나무, 술 취한 나를 바라보는 이웃 주민의 한심함 가득한 눈빛. 그리고 마지막에는 내 손목의 상처로 눈이 향했다.

내가 중학교 이후로 자해를 시작한 것은 죽기 위함이 아니었다. 오히려 살기 위함이었다. 도무지 견디지 못할 분노와 불안, 고통을 나름대로 조용하고 격렬하게 해치우고 있는 것이었다. 다만 피를 볼 때면 어쩐지 죽음의 불안을 마주하였고, 삶과 죽음의 경계선이 무너지곤 했다. 확실히 이전엔 죽음이란 나와는 분리된, 나와는 거리가 먼 어떤 것이었다. 하지만 자해 이후에 삶과 죽음은 똬리를 튼 뱀처럼, 아무렇게나 휘어 갈긴 낙서처럼 엉켜버렸다. 그런데 아이러니하게도 죽음의 불안을 마주한 순간, 나의 마음은 한결 편안해졌다. 인간 모두가 마주하는 죽음의 공포를 제어할 수 있다는 오만함일까? 이로 인해 생의 주인 또한 나라는 것을 깨달아서였을까?

소주 한 병을 다 비우자 몸은 노곤해지고 정신은 알근해졌다. 나도 남들처럼 추억을 안주 삼아 혼술을 하고 싶었다. 하지만 아무리 애를 써도 도무지 긍정적인 무언가는 떠오르지 않았다. 일곱 살 때 간에버랜드 나들이가 유일하게 생각나 피식 실소를 했다. 추억은 올려다볼 수 있는 것이 아니다. 추억은 항상 뒤에 있는 것이고, 지나쳐 온 것이다. 그래서 나는 그것을 메꾸려 뒤로 간다. 내 인생은 항상 뒤로 간다. 담배를 피우자 술과 함께 우울감이 역하게 올라왔다.

편의점에서 소주 한 병을 더 사서 길거리를 돌아다녔다. 정신을 잃고 차리길 반복하다가 중학교 3학년 때, 가출한 후 처절하게 울며 잠들었던 상가로 향했다. 빈 건물의 문을 열고 익숙하게 상가 비상계단 3층과 4층 사이에 앉았다. 내가 본래 있어야 할 곳에 찾아온 듯 마음이 차분해졌다. 여전히 슬프고, 외롭고, 무서웠다. 하지만 편안했다. 정신은 몽롱해졌고, 시간과 공간은 희미해져갔다.

'지금 나는 스물 한 살이던가?'

'초등학생인가?'

'아니 중학생이던가?'

'여기는 어디지?'

'집인가?'

'나 죽은 건가?'

내 인생이 치열하게 뒤섞여 부유하고 있었다. 어지러웠다. 술병을 놓쳤고, 술병은 남은 술을 토해내며 데구루루 굴러 내려갔다. 나는 스

르르 잠들었다. 잠에서 깨자, 아침 8시였고 서둘러 집에 가 몰래 옷가지를 챙겨 바로 일을 하러 나갔다.

◆

나의 삶은 망망대해에 떠 있는 작은 배처럼 위태롭게 부유하고 있었다. 내가 지금 어디이고, 어디로 가는지는 나조차 알 수 없었다. 그럼에도 마치 본능처럼 살고자 규칙적으로 일을 하고, 돈을 모으고 있었다.

나는 4년째 한 패밀리 레스토랑에서 일하며 얼마 전 매니저를 달았다. 단 한 번의 지각도 없었다. 평판도 좋았다. 흔히 말하는 진상손님도 내게는 잘 대해주었다. 나의 가장 큰 장점은 섬세함이었고, 상대의 눈치를 잘 살필 줄 알았다. 먼저 눈치를 보고 눈치껏 행동하면 어른들은 그저 좋아했다. 어차피 내게는 아버지 이외의 사람은 모두 천사였다.

"매니저님! 큰일 났어요!"

일하던 도중, 일한 지 1년이 다 되어가는 알바생이 나를 다급하게 불렀다.

"네?"

"아니, 저기 음식 잘못 나왔다고 다시 달라고 하는데, 이번에 들어온 알바생이 맞다고 거의 싸우려고 해요."

신입 알바생에게 자초지종을 들어보니, 손님이 스테이크를 미디엄 레어로 주문을 했는데, 미디엄 웰던으로 나왔다며 다시 달라고 한다는 것이었다. 알바생은 분명히 손님이 미디엄 웰던이라고 했고, 저 스테이

크는 그냥 두고 다시 달라고 하는 것을 보니 '그지 새끼'라고 분노하고 있었다.

나는 신입 알바생을 불러 말했다.

"그냥 줘, 우리 돈 드는 것도 아니잖아. 네가 억울하고, 진상한테 지는 것 같고 그런 기분 드는 건 알겠는데, 우리 사람들 교육하려고 있는 거 아니잖아. 네 돈 드는 거 아니면 그냥 적당히 비위 맞추고 치운다고 생각하자. 저런 인간들 우리가 한두 번 정의구현 한다고 해도 절대 안 바뀐다."

힘을 빼고 사는 것, 이것이 내가 분노사회에서 살아가는 방법이었다. 신입 알바생은 고개를 끄덕였고, 나는 웃으며 진상 손님에게 '죄송하다'라며 새로운 스테이크를 가져다주었다. 그리고 이런 일이 있을 때면 나는 순식간에 무기력해졌다.

정신과 의사선생님은 규칙적인 생활을 하고, 열심히 일한다면 무기력과 우울이 나아질 것이라고 말했다. 다만, 정신과 선생님은 한 가지를 간과하고 계신 것 같다. 열심히 사는 것과 열심히 향하는 것은 달랐다. 대충 살아도 어디로 향하는지 알면, 적어도 제자리걸음 하는 느낌은 들지 않을 것이다. 나는 열심히 살지만 열심히 향하지 못했다. 나는 열심히 살지만 열심히 마구 살고 있는 것이다. 삶을 '어떻게' 살지에 집중한다면 인생이 조금은 재밌을 수 있을지 모르겠다. 하지만 '왜' 사는지에 꽂히는 순간 삶은 의미 없어지고, 죽음에 대한 생각과 가까워지곤 했다. 남들처럼 태어난 김에 살아보기엔 나는 남들과 달랐다. 너무 힘에 부쳤다.

일을 마치고 퇴근길 버스에 올랐다. 늦은 밤이었지만 꽤나 많은 사람이 있었고 앉을 자리가 한 자리 보여 쓰러지듯 앉았다. 잠이 밀려왔다. 잠깐 졸고 있는 도중에 누군가가 내 다리를 툭툭 걷어차는 바람에 잠에서 깨었다. 위를 올려다보니 어떤 아주머니가 자리를 비키라고 고갯짓을 하고 있었다.

"죄송합니다."

"요즘 젊은 것들은 쯧쯧."

일어나서 보니 내가 앉은 자리는 노약자석이 아니었다. 주먹을 꽉 쥐곤 아줌마의 뒤통수를 깨질 듯이 노려보았다. 이내 구역질이 올라와 집까지 누 정거장을 남기고 내렸다. 길거리에 구석진 곳에 주저앉아 내 손목을 한참 동안 쳐다보았다. 옆에 깨진 유리병이 보였다. 이처럼 엇나간 방향의 분노 표현은 아무것도 해결하지 못하는 것을 잘 안다. 하지만 무언가를 해결하려는 것은 아니다.

유리조각을 집어 들며 나는 나지막이 혼잣말을 했다.

"살고 싶다…."

04

우리들의 이야기

보통의 이야기

 꽃을 한 송이 샀다. 새하얀 백합이었다. 엄마는 갑자기 무슨 꽃을 사왔냐고 물었다. 며칠 안 가 시들어버릴 것이라 했다. 그냥 예뻐서, 아름다워 보여서 샀다고 했다. 누가 꽃이 시들 것을 생각하고 꽃을 살까? 하시만 역시나 백합은 이내 시들어버렸다.

◆

 "윤재 형, 나도 형처럼 학교 그만둘까 해요. 아니 나는 음악 한다고 했는데, 엄마가 계속 인문계 가라고 해서… 인문계 고등학교 입학했는데 A, B, C, D도 겨우 아는 사람한테 영어로 문장을 만들라고 하고 있다니까요? 저는 적성에 안 맞아요 공부는."

 오랜만에 막내 이모네 댁에 도착하자마자, 준우가 내게 말했다. 준우는 내 사촌동생이다. 준우는 나와 6살 차이가 나지만 어려서부터 같은 동네에 살았고, 또 준우는 외동이기 때문에 유난히 나를 잘 따랐다.

 "준우야, 그냥 다녀. 뒤지기 싫으면."

나는 진지하게 장난을 치며 말했다.

"아 형, 왜요? 형도 딱 이맘쯤, 고등학교 1학년 2학기 때 자퇴했잖아요."

준우는 내가 응원이라도 해줄 것이라 생각한 듯하다.

"그래서, 지금 형 모습이 좋아 보여?"

"아니…."

씁쓸했다.

이름대로 삶이 흘러간다는 이야기가 있다. 그리고 나는 그 이야기를 믿는다. 내 이름은 김윤재다. 지나치게 평범해서 눈에 띄는 희한한 이름이다. 이름, 가정환경, 성격, 외모를 포함해서 나는 지극히 평범하다. 다만 인생에서 단 한 번 평범함을 거부하고 용기를 낸 것이 하필 고등학교 자퇴였다. 솔직히 처음에는 좋았다. 자퇴 직후 친구들은 '윤재가 윤재했다'라며 놀려대기도 했지만, 내심 자유를 얻은 나를 부러워했다.

자유, 글쎄 그게 뭘까? 적어도 학교에 있는 것은 아니었다. 학교는 허락하지 않았다. 나의 개성을, 자유를, 심지어 아픔과 슬픔도 허락하지 않았다. 학생은 아프고, 슬퍼도 공부해야 한다. 고등학교 1학년 때, 나는 중학교 2학년 때부터 사귀었던 첫사랑과 헤어졌다. 처음 겪는 이별에 정말 죽고 싶을 만큼 힘들었다. 마음이 아프니 몸도 아팠고, 일주일간 학교를 가지 못했다. 그때 담임은 전화로 내가 아프다고 말했음에도 꾀병 부리지 마라, 이러면 대학 못간다, 결석일수가 어쩌고… 등의 말만 할뿐이었다. 내가 어디가, 얼마나, 왜 아픈지는 단 한 마디도 물어

63

보지 않았다.

내가 다닌 고등학교는 동네에서는 알아주는 인문계 사립학교였다. 그래서인지 선생님들은 공부가 이 세상의 가장 큰 가치이며, 행복은 성적순임을 협박했다. 남고라 그런지 체벌도 더럽게 많았다. 졸다가 앞으로 나가 엎드려 뻗힌 적도 빈번하고, 또라이로 유명한 수학 선생님의 수업 시간에는 삼색 볼펜을 딱딱 거렸다는 이유로 매를 맞은 적도 있었다.

삶의 전환, 그러니까 삶에 지대한 영향을 미치는 어떠한 결정을 할 때는 다들 영화 같은 계기가 있으리라 생각하지만 사실은 그렇지 않다. 내가 자퇴를 결심한 것은 별다른 목적 없이 아침에 일어나 맹목적으로 학교에 가고, 밤늦게 집에 돌아오는 생활에 지쳐서였다. 대단한 깨달음이나 꿈이 있어서가 아니었다. 그렇다고 공부를 놓아버릴 만큼 못한 것도 아니었고, 친구들이나 선생님과의 문제도 없었다.

군이 계기를 찾자면 고등학교 1학년 때, 지금은 연락도 안 하는 같은 반이었던 친구 두 명이 먼저 자퇴를 했다. 자유로워 보였다. 그놈의 자유. 그리고 자기들은 검정고시 학원을 다니며 학교라는 굴레를 벗어남과 동시에 일찍 대학교에 입학하겠다는 말이 뭔가 있어 보였다. 여태 부모님이, 사회가 원하는 대로만 살아왔던 내게는 일탈이 필요했다.

지금 생각해보면 초등학교 때부터 지금까지 친한 불알친구들이 제일 문제다. 그놈들은 내가 반신반의하며 자퇴 이야기를 꺼냈을 때 열렬히 지지했다. '오, 너 용감하다', '이야, 자퇴생, 뭔가 쎄보인다' 등등. 옆에서 계속되는 부채질에 나는 자퇴를 자의 반, 타의 반으로 확신하게 되었고, 얼마 안 가 부모님에게 이야기하였다.

"그래서요? 이모랑 이모부가 뭐라고 하셨어요?"

준우가 내 이야기를 한참을 흥미롭게 듣다가 내가 뜸을 들이자 그 새를 못 참고 질문했다.

"뭘 어쩌긴 어째, 뒤지게 맞았지."

"아 진짜? 이모랑 이모부가?"

준우가 그럴 리가 없다는 표정을 지어 보였다.

"여기 봐봐. 머리에 땜빵있지? 그 때 우리 엄마가 망치로다가…."

"아, 장난치지 말고요."

여느 부모님처럼 아빠, 엄마는 극구 반대하셨다. 다만 나를 설득할 만한 이유는 제시하지 못하셨다. '학생이 학교를 가야지' 정도의 당연한 말뿐이었다. 그런 당연한 말들에 질려 자퇴를 결심했는데 말이다. 그때 공부는 왜 해야 하고, 학교는 왜 다녀야 하는지, 혹은 학교를 나온 사람들은 어떤 삶을 살고 있는지, 자퇴에 대한 책임은 무엇인지 알 수 있었다면 나는 어쩌면 다른 선택을 했을 수도 있다.

두 살이 어린 내 여동생은 서울대에 다닌다. 어려서부터 부모님 말을 지겹게도 듣지 않아 '넌 커서 뭐 될래?'라는 말을 나보다 열 배는 많이 듣던 아이였지만 언젠가부터 알아서 공부를 시작하더니 결국 고등학교 3학년 때 전교 1등을 했고, 서울대에 입학했다. 그런 것을 보면 동생과 같은 가정에서 자란 나는 애꿎은 부모님 탓을 할 수도 없다.

부모님께 자퇴를 선언하고 한 달여 동안 부모님과의 기싸움이 시작되었다. 그때 동생은 옆에서 고개만 절레절레 젓고 있었다. 나는 친구들 집에서 번갈아가며 하숙을 했고, 엄마는 동네 창피하다며 잠은 집에서 자라고 했지만 물론 말을 듣지 않았다. 한 달이 지나고 모두가 지쳐갈 때 즈음, 나는 편지를 한 통 남기고 큰 배낭에 짐을 싸서 나왔다. 마침 친한 친구네 부모님이 유럽여행을 2주 동안 다녀오신다고 하셨고, 그 집에서 2주간 지낼 요량이었다.

편지의 내용은 잘 기억은 안 나지만 '이해하는 것과 동의하는 것은 다르다. 나는 아빠, 엄마의 불안과 걱정을 이해하지만 아빠, 엄마의 생각에 동의하지는 못하겠다. 반면 아빠, 엄마는 나를 이해하려고 조차 하지 않는 것 같다. 나는 떠나겠다. 나를 이해하기 전까지는 연락을 하지 마라. 한동안 떠나겠다'와 같은 내용이었다.

성대한 출정식 이후 이틀 후에 엄마에게 장문의 문자가 왔다. 아빠와 상의를 했고, 자퇴하게 해줄테니 집으로 돌아오라는 내용이었다. 자퇴 이후에 어떻게 살아갈 것인지 진지하게 고민해보라는 내용도 있었다. 이후 나는 바로 검정고시 학원을 다니며 검정고시를 따서 고등학교 졸업장을 대체할 것이고, 남들보다 1년 빨리 대학교에 들어가서 빠르게 군대를 다녀온 후에… 등등 나의 선택이 최대한 합리적인 것임을 어필했다. 물론 잘 지켜지지 않았다. 어찌 됐건 합리적 선택은 인간의 감정 없이 하루도 살 수 없는 것이니 당시에 감정이 많이 앞서 있었을 뿐 당시의 기준에서 합리적 선택은 맞았을 것이다.

"오, 애들 다 학교 갈 때 놀면 무슨 기분이에요?"

준우는 내 이야기를 팝콘이라도 가져올 기세로 흥미진진하게 듣고 있었다.

"음… 처음엔 기분 째지지. 그런데 점점 현타와."

사회의 시스템, 그러니까 틀 같은 것은 괜히 있는 것이 아니었다. 학교를 그만두고 그토록 원하던 자유를 얻고 나니 처음에는 좋았다. 하지만 그놈의 자유는 몇 달을 가지 못했다. 밤새 게임을 하다가 잠이 들면 점심도 거르고 자기 일쑤였고, 다시 게임을 조금 더 하다 보면 저녁을 먹을 시간이었고, 저녁을 먹고 나서 게임을 조금 더 하다 보면 친구들이 하교할 시간이었다. 그러면 친구들과 또 게임을 밤늦게까지 하고, 친구들이 다음 날 0교시를 위해 잠이 들면 나는 아주 조금만 더 게임을 하다가 갔다. 그러다 보면 또 중천에 뜬 해가 나를 한심하게 쳐다보았다. 그러다 보니 언젠가부터 스스로 자유를 억압했다. 아마 나의 불안과 걱정으로부터였을 것이다. 인간은 무한한 자유 앞에 불안하다. 결국엔 '적당한' 자유가 필요한데, 그 '적당함'은 항상 어렵다. 남들은 앞으로 가는데 혼자만 뒤로 가는 듯했다. 점점 자유가 무서워지기 시작했다.

"와, 하루 종일 롤하면 진짜 기분 째질 거 같은데 왜요?"

6년 전 나를 보는 것만 같아 준우를 한 대 쥐어박고 싶어졌다.

"고등학교 졸업하고 마음껏 해도 늦지 않아. 당장에 목이 말라 바닷물을 마시는 꼴이야 그거."

그토록 자고 싶었던 잠을 마음껏 자고, 그토록 하고 싶었던 게임을 마음껏 해보니 자유도 별 것 아니었다. 자유만 주어진다면 삶이 그저 행복할 것만 같았는데 인생은 그리 간단하지 않았다. 18살이 되고, 친구들이 고등학교 2학년이 되자 슬슬 친구들을 만나기도 어려워졌다. 친구들이 야자가 끝나면 10시가 넘었고, 주말에는 학원에 가기 바빴다. 내가 자퇴를 고민할 때 가장 응원해주던 두 놈이 가장 열심히 공부하는 것을 보니 괜히 약이 올랐다.

나도 미뤄왔던 검정고시를 시작하기 위해 학원에 등록했다. 자퇴 전에도 공부의 끈을 놓지 않았던지라 공부는 그리 어렵지 않았다. 자유를 마주하기 두려워 학원을 가지 않는 날에는 아르바이트를 구했다. 음식점 서빙 아르바이트였다. 눈물이 찔끔 나게 힘들었다. 하루 8시간, 점심시간 1시간을 제외하고는 앉아 있을 시간이 거의 없었다. 손님들은 딱 봐도 학생인 내가 평일에 일하고 있으니 '학생이 학교를 안 간다'라며 한마디씩 했다. 점점 서러워지기 시작했다.

금요일 밤, 일을 마치고 헛헛한 마음으로 집에 가는 길에 불알친구에게 전화를 걸었다. 친구는 전화를 걸고 한참 만에 전화를 받았다.

"야, 뭐하고 사냐?"

나는 울적한 마음을 숨기고 최대한 밝게 인사했다. 친구의 주변은 시끌벅적했다.

"요, 윤재, 잘 살지? 야, 나 수학여행 와 있어서 나중에 전화할게."

마음이 허했다. 나 빼고 추억을 쌓아가는 친구들의 모습이 부러웠다. 나만 빼고 추억을 쌓아가는 친구들을 시새웠다. 봄바람이 유난히 차가웠다. 학교에 없으니 학교 밖에는 막연히 있을 것이라고 생각한 내 10대의 낭만은 생각보다 차가운 봄바람에 허무하게 흩어져버리고 있었다.

"형, 그래도 형은 19살에 대학교 입학했잖아요? 고3들 공부할 때 대학교 가서 놀면 완전 좋은 거 아니에요?"

이놈은 놀 생각뿐이다. 정말이지 딱 6년 전의 나를 보는 것만 같아 오묘한 감정이 들었다.

"나도 그런 줄 알았어. 그런데 인문계 학생들 대부분 끝은 똑같잖아. 결국 대학교에 입학하는 거. 문제는 그렇게 끝나기까지의 과정들이 성장이라고 할 수 있는데, 이제 와서 생각해보면 그냥 학교에 있었으면 더 많은 것들을 얻었을 것 같달까..."

나는 검정고시로 또래들보다 1년 일찍 대학교에 입학할 수 있었다. 하지만 검정고시로 갈 수 있는 좋은 대학교는 몇 없었다. 인서울 몇몇의 대학교가 있기는 했지만, 만점에 가까운 검정고시 성적이 필요했는데, 나의 점수와는 거리가 멀었다. 결국 서울에 살지만 수도권으로 가야만 했다. 통학시간만 편도로 2시간이 걸리는 곳이었다.

1년 일찍 시작한 대학생활은 준우의 말대로 좋았다. 적어도 당시에는. 비록 동기들이 다 형, 누나들이라서 호칭이 애매하기도 했지만 점차 정리되어 갔고, 미성년자였지만 무리에 섞여 술집에도 자유롭게 드나들 수 있었다. 자퇴 후에 느껴왔던 무언가 뒤처지는 기분을 보상이라도 받으려는 심산이었는지 정말 지금 생각해보면 전투적으로 놀았던 것 같다. 밤새 술을 마시고, 토하고, 또 술을 마시고, 해가 뜨면 해장국 집에서 소주로 해장을 했다. 좋았다. 재밌었다. 자유로웠다. 그런데 왜 인지 행복하지는 않았다.

그렇게 1학기가 지나고, 방학이 되어서야 동네 친구들을 만날 수 있었다.

"잘 사냐? 와 내가 연락안하면 어떻게 연락 한 번이 없냐?"

역시나 불알친구들이란 몇 개월 만에 보아도 마치 어제 본 것만 같다.

"하, 새키, 네가 고3의 현실을 알아? 6월 모의평가의 쫄깃함을 아냐고!"

"얘가 어떻게 알겠니⋯ 와 진짜 생각할수록 부럽다. 우린 남고에 서 냄새나는 애들이랑 하루 종일 찐득거리고 있는데, 얘는 캠퍼스 라이프를 즐기고 있는 거 아냐?"

할 말이 없었다. 다 맞는 말이었다. 그런데 무언가 억울했다. 친구들이 입고 온 교복이 부러웠다. 내가 산 그 많은 옷보다 훨씬 예뻐 보였다. 하지만 나는 말을 삼켰다. 분명 좋은 말을 듣지는 못할 것이다.

친구들은 이내 고등학교 선생님들 이야기, 학원 이야기 등 자연스레 그들만의 이야기를 이어나갔다. 악의를 가지고 그들만의 이야기를 하는 것이 아닌 것을 알지만 씁쓸했다. 나의 전부였던 친구들이 나와 점점 멀어져가고 있었다.

"아, 친구들이랑 멀어지는 건 좀 싫은데⋯."

준우가 고개를 한 번 갸우뚱하고 말했다.

"지금까지가 학교 밖 생활의 리즈 시절 이야기고, 20살 이후는 더 최악이야."

마음 한편이 시큰했지만 적어도 20살 전에는 나만 자유라는 특권을 누리고 있다는 일종의 우월감 같은 것이 있었다. 하지만 1년이 지나고 친구들이 대학교에 입학하자 그 우월감은 고스란히 열등감으로 뒤바뀌었다.

친구들은 고등학교 내내 앓는 소리를 해대더니 다들 인서울의 좋은 대학에 입학을 했다. 분명 나는 그대로였지만 마치 내려가는 에스컬레이터라도 탄 듯 점점 내려가고 있는 듯했다. 나는 검정고시 출신이라는 꼬리표를 달고 살 텐데, 분명 나와 같던 친구들은 앞으로 명문대생이라는 훈장을 달고 살아갈 것만 같아 부러웠다.

20살의 봄날, 내 또래 친구들이 한창 캠퍼스의 낭만을 시작할 때 나는 입대를 결심했다. 놀아도 공부를 해도 계속해서 내려가는 기분이었기 때문이다. 그 기분에서 벗어날 유일한 방법은 이른 입대뿐이라고 생각했다. 친구들에게도, 부모님에게도 입대를 알리지 않았다. 그냥 최대한 쿨하게 입대하고 싶었다.

입대하기 하루 전날, 집에 들어가며 꽃을 한 송이 샀다. 새하얀 백합이었다. 엄마는 갑자기 무슨 꽃을 사 왔냐고 물었다. 며칠 못 가 시들어버릴 것이라 했다. 그냥 예뻐서, 아름다워 보여서 샀다고 했다. 누가 꽃이 시들 것을 생각하고 꽃을 살까? 그리고 다음 날 새벽, 입대한다는 편지 한 장을 새하얀 백합 옆에 두고 나는 훈련소로 떠났다.

스무 살에 경험한 훈련소 생활은 생각보다 쉽지 않았다. 대구에서 온 내 옆자리 동갑내기 한 명은 셋째 날이 되자 잠들기 전 울음을 터뜨렸다.

"윤재야, 넌 안 힘드냐? 나 집에 가고 싶다."

나도 터져 나오려 하는 눈물을 꾹 참고 말했다.

"남들 다 하는 건데 우리라고 왜 못하겠냐. 해보자 까짓것."

더 이상 뒤처지고 싶지 않았다. 남들 다 하는 고등학교 졸업도 못한 내가 군대도 힘들어서 나가게 된다면 세상 제일 나약한 사람임을 인정하는 것 같았다.

스무 살이라는 어린 나이와 김윤재라는 이름 때문에 처음에는 선임들에게 괴롭힘을 당하기도 했지만 점차 군 생활에 적응해갔다. 사계절이 한 번 지나자 친구들도 점차 입대를 하기 시작했고, 이미 상병이 꺾여있는 나를 세상 가장 부러운 사람으로 여겼다. 오랜만에 느낀 감정이었다. 그리고 스무 살에 느꼈던 혼자만 뒤처지는 듯한 기분을 다시는 느끼기 싫어 전역 후에 무얼 할지 치열하게 고민하기 시작했다.

마음만 굳게 먹는다면 군대에서 많은 것을 해낼 수 있다. 우리 부대에는 5년 전, 군 생활 동안 5급 공무원 공부를 해서 전역하는 해에 붙었다는 전설의 선임도 있었다. 처음에는 막연하게 영어공부를 하고, 컴퓨터부터 시작해 자격증을 하나둘씩 취득했다. 하지만 점차 '내가 왜 이걸 공부하지?'라는 본질적인 물음과 마주했고, 곰곰이 생각해보니 당장 내게 필요한 것은 아니었다. 진로에 대한 끝없는 고민의 시발점이었다.

"아, 형이 대학교도 때려치웠다는 얘기 듣고 '이 형 진짜 노는 거 좋아하는구나' 했는데, 그런 게 아니었어요?"

준우가 깐족거리며 말했다.

"뒤진다?"

내 생에 처음으로 소신대로 행동한 것이 하필 고등학교 자퇴였고, 두 번째는 대학교 자퇴였다. 검정고시 성적대로 선택한 대학교는, 어렸을 적 책을 읽는 것을 좋아했다는 이유만으로 선택한 국문학과는 당연히도 나의 적성과 흥미에 맞지 않았다. 아주 운이 좋은 사람이거나 이례적으로 이르게 자신의 꿈을 찾은 일부의 사람들이 아니면 아마도 우리나라의 학생들은 적성과 흥미에 맞는 학과에 진학하지는 못할 것이다. 좋은 대학교만 가면 인생은 저절로 잘 살아진다고 배웠으니까. 전역 휴가를 나와서 학교 밖 청소년 센터에 찾아갔다.

전역을 얼마 앞두지 않고 한번 쯤 들어보았던 학교 밖 청소년 센터 '꿈드림'이 생각이 났고, 검색해서 구체적으로 찾아보니 24세까지 이용 가능했다. 다양한 서비스 중에 적성검사가 눈에 띄었고, 내가 무엇을 좋아하는지, 무엇을 잘할 수 있는지 실마리를 잡지 못하던 차에 큰 기대 없이 적성검사를 받아보았다. Holland 직업적성검사라는 것을 했는데, Holland 검사는 나의 흥미가 실재형, 탐구형, 예술형, 사회형, 기업형, 관습형의 여섯 가지 유형 중 어느 쪽에 가장 가까운지 확인하고 그에 맞는 직업을 추천을 해주는 방식이었다. 그중 나는 실재형에 가까웠다. 기술자, 기계기사 등의 직업이 추천되었다. 보통 그 유형의 성격은 신체활동적이고 말이 적은 성격을 가졌다고 한다. 나는 꽤나 높은 수치로 다른 유형에 비해 실재형의 점수가 높았고, 상담사의 검사 해석 상담에 공감했다.

조금의 실마리를 찾은 채 관련한 직업을 알아보았고, 결국 건축기사를 직업으로 삼기로 마음먹었다. 건축기사란 건축물을 둘러싼 환경과 건물의 용도, 경제적 비용에 대한 기본적인 계획에서부터 설계, 시공 등에 관리, 감독 및 기술적 자문을 하는 직업이다. 건축기사 자격증은 관련 학과 4년제 대학교를 나오거나 산업기사나 기능사 자격증을 취득 후에 각각 1년, 3년의 실무경력이 있어야 했다. 국문학과를 졸업해도 아무 의미가 없다고 생각되었고, 결국 전역 후 대학교도 자퇴를 하고 기능사 자격증을 공부하며 실무경력을 쌓기로 했다.

전역 후 자격증 공부를 하며 수도권의 한 중소기업에 취업을 했다. 면접 때 분위기가 한창 좋다가 고등학교 자퇴 이야기가 나오자 면접관들의 눈빛이 돌변하는 것을 느껴 떨어질 것이라고 생각했다. 하지만 후에 알게 된 것이지만 사장님 또한 학교 밖 청소년 출신이었고 다행히 합격할 수 있었다.

친구들은 '윤재가 또 윤재했다'라며 나를 놀려댔지만, 목표가 확고해진 나는 가슴속에 번뜩이는 자신감을 지닌 듯했다. 그 자신감은 내게 한 줄기 빛이었고, 빛은 항상 어둠을 뚫고 나간다. 친구들은 어느새 전역을 하고, 다시 대학생활로 돌아갔다. 나는 그동안 주중, 주말 할 것 없이 일을 했다. 친구들과는 점점 멀어졌다. 하지만 고등학교를 자퇴한 순간부터 나는 아웃사이더였고, 이제는 그 쓸쓸함에 조금씩 익숙해져 갔다.

일 년 반 동안 열심히 일했다. 그리고 그동안 청년내일채움공제에 가입하여 목돈을 마련하고자 했다. 청년내일채움공제는 고용노동부와 중소벤처기업부가 공동으로 운영하는 사업으로, 중소, 중견 기업에 취업한 청년들의 장기근속을 위한 사업이다. 2년 동안 중소기업에서 일을 하며 매월 약소한 금액을 적금 들면, 2년 후 1,600만 원 이상의 돈을 지급받을 수 있다. 하지만 5개월을 남기고 나는 다시 실직자가 되었다.

"응? 형 회사도 자퇴했어요?"

준우가 다시 한 번 깐족댔다.

"딱 말해. 몇 대 맞을래?"

내 의사로 윤재한 것은 아니었다. 그렇다고 잘린 것도 아니었다. 회사가 사라졌다. 내가 다니던 회사는 지방에 두 군데의 지사가 있고, 수도권에 하나의 지사가 있었지만 사업이 안 좋아지자 수도권의 지사를 윤재한 것이었다. 결국 청년내일채움공제 기간을 단 5개월을 남겨 두고 그렇게 나는 실직자가 된 것이다. 당시 나는 고용노동부의 취업성 공패키지를 통해 구직하면서 3개월째 쉬고 있는 중이었다.

"아… 그랬구나. 오늘 형 얘기 들으니까 좀 고민되네요. 학교 그냥 다닐까요? 마지막으로 해줄 말 없어요?"

가감 없이, 흔히 말하듯 MSG 하나 치지 않고 나의 학교 밖 생활을 말해주자 준우는 마음이 조금은 바뀐 듯 보였다. 씁쓸했다. 나는 지금 내가 머릿속에 떠오르는 생각과 마음에서 표류하는 감정을 어떻게 표현해야 할지 한참을 고민하며 준우에게 말했다.

　　"준우야, 종이랑 펜 있니?"

　　나는 간단히 그림을 그려가며 말했다.

　　"인간은 말이야… 부재함을 좇아가. 나는 고등학교 다닐 때 자유가 부재했고, 그래서 자유를 누리고 싶어서 자퇴했어. 근데 자유가 채워지니까 이제 예전에는 못 느꼈던 외로움을 마주했고, 그 외로움이 이제 내 삶에서 큰 부재 즉, 열등감이 됐어. 무슨 말이냐면, 게임에서 캐릭터마다 능력치들이 있잖아? 게임에서야 하나만 엄청 높아도 좋지만 현실에서 인간이 행복하려면 결국 모든 능력치가, 경험치가 고루 있어야 돼. 즉, 행복은 동그라미야. 네가 음악을 잘한다쳐, 그럼 음악의 능력치가 뾰족하게 높아 있겠지? 그런데 그거 하나만으로는 행복할 수 없어. 뾰족함을 지금 키운다면 나머지 인생은 그 뾰족함을 채울 만큼 다른 면도 키워야 해. 대인관계, 낭만 등등. 즉 큰 동그라미를 어차피 채워야 한단 말이야. 반대로 동그랗다면, 당연히 나이가 어리면 그 동그라미가 작겠지. 그 동그라미를 키워야 해. 그러면 또 뾰족함을 찾고 그 뾰족함을 채우기 위해 노력하다 보면 또 부재한 것에 대한 열등감이 올라올 거야. 그러면 또 한쪽만 뾰족해진 동그라미를 채우려고 노력하겠지. 반복의 반복이야. 학교생활이 의미 없는 것이라고 생각할 수 있지만 분명 곰곰이 생각해보면 너의 동그라미는 커지는 중일 거야."

"와, 어렵네요. 사는 거."

준우가 머리를 긁적이며 말했다.

"그렇더라. 한 심리학 거장에 따르면 인간은 각자 '좋은 세계'를 가지고 있대. 기본적 욕구가 잘 충족되었을 때 경험했던 사람, 물체, 사건에 대한 그림. 넌 언제였냐? 지금 되돌아보면 난 학생 때였다."

준우는 고개를 천천히 끄덕였다. 그리고 골똘히 무언가를 생각하는 듯, 한동안 말을 잇지 않았다.

05

우리들의 이야기

소와 사자의 사랑 이야기

소와 사자가 있었다. 둘은 죽도록 사랑했다. 서로 사랑하는 만큼 최선을 다했다. 소는 최선을 다해 맛있는 풀을 사자에게 대접했다. 사자는 풀이 싫었지만 소를 위해 참고 먹었다. 반대로 사자는 맛있는 살코기를 소에게 대접했나. 소 또한 괴로웠지만 꾹 참고 먹었다. 하지만 서로는 사랑을 듬뿍 주었음에도 점점 야위어갔다. 둘은 지쳐갔고 결국 헤어지고 만다. 둘은 헤어지며 서로에게 말했다.

"나는 최선을 다했어."

– 톨스토이 우화 중

새벽 고속도로, 지평선처럼 이어지는 끝없는 도로를 달리다 보니 어느새 계기판은 100킬로미터, 120킬로미터, 140킬로미터를 넘어가고 있었다. 내비게이션에서 전방 1킬로미터 앞 110킬로미터 속도제한 알림을 해주지 않았더라면 마치 영영 다른 세계 속으로 빠져들었을 것만 같다는 생각이 들었다.

경부고속도로를 빠져나와 속도를 줄이며 점차 현실로 돌아오는 듯했다. 대구는 출장차 열 번도 더 와본 곳이었다. 내비게이션을 보지 않고도 능숙하게 숙소를 찾아 들어갔다. 들어오자마자 지환이에게 전화를 걸었다.

"지환아! 엄마 대전일 끝내고 대구 도착했어! 아들 중학교 졸업하는데, 졸업식도 못 가고. 미안해. 저녁은 잘 챙겨 먹었지?"

지환이는 아무렇지 않은 듯 대답했다.

"아냐, 안 와도 됐어. 친구들 부모님도 많이 안 오셨어."

"아 그래? 엄마가 불고기랑 김치찌개 해둔 거 잘 챙겨 먹었지?"

이번에도 지환이는 뭘 그런 것을 걱정하냐는 투로 이야기했다.

"응, 먹었지. 엄마 피곤하겠다. 쉬어."

내 아이가 어른아이가 되어버린 모습은 너무나도 가슴이 아팠다. 이번 출장 전 지환이의 농구화를 버린 것이 계속 마음에 걸렸다.

....

두 달 전, 지환이는 처음으로 나에게 크게 소리를 질렀다. 고등학교 입학원서를 넣을 때, 나는 초등학생 때부터 장래희망에 농구선수를 적었던 지환이의 유일한 꿈을 반대했다. 지환이가 있었던 중학교 농구부가 엘리트 선수를 양성하는 곳도 아니었고, 지환이가 전국 대회에서 우승하기는 했지만 아마추어 리그였을 뿐이다. 무엇보다 180센티미터도 되지 않는 키로 품은 농구선수의 꿈은 어린 치기로만 생각되었다. 공부로 먹고살기는 힘들어 보였고, 기술이라도 배우라며 내 맘대로 근처 공업고등학교로 원서를 지원했다. 그때 나는 지환이가 아주 어릴 때를 제외하곤 울고, 소리치는 모습을 처음 보았다.

언젠가 옆집에 살던 아주머니가 내게 지환이가 아기 아이답지 않고 어른스럽다며 말한 적이 있다. 나는 그 말이 싫었다. 이혼하기 전, 남편은 내게 당신은 아이였던 적이 없는 사람 같다고 했다. 내게 웃음은 여유로운 사람이나 하는 사치였고, 슬픔은 이 악물고 견디는 것이었으며, 우울은 게으른 사람이나 하는 것이고, 소리치는 것은 약한 사람이나 하는 것이었다. 내게 감정을 내보이는 것은 미성숙한 사람이나 하는 것임에도 내 아이가 아이답지 않다는 말은 왜 그렇게 듣기가 싫었을까? 지환이만큼은 맘껏 웃고, 울 수 있는 사람이 되길 바랐다. 그럼에도 감정이라는 날 것에 익숙하지 않았던 나는 지환이에게 모진 말을 쏟아냈다.

"엄마가 그렇게 키웠어? 사내자식이 자기 맘대로 안 된다고 울고불고 소리쳐?"

"아마추어 리그에서 상 몇 개 받았다고 네가 프로 선수가 될 수 있을 것 같아? 프로 선수 중에도 손에 꼽는 사람만 성공할 수 있어. 나머진 다 먹고살기도 급급하다고! 네가 운동선수로 먹고살 수 있을 것 같아? 네 아버지를 보고도 그런 말이 나와?"

말을 하면서도 '내가 왜 이런 말을 하지?'라고 생각했다. 그러나 지환이도 물러설 생각이 없었다.

"살면서 유일하게 좋아하는 건데 그걸 뺏어가? 엄마가 뭔데! 나한테 해준 게 뭔데! 내 인생 내가 사는데 왜 엄마가 결정하는데!"

"나 농구 하는 거 단 한 번이라도 본 적 있어? 본 적도 없으면서 안 될 거라고 생각하지 마. 나 정식 농구부 있는 고등학교에서 스카우트 제의도 들어왔다고 말했잖아!"

화라는 감정은 나의 존재 가치가 부정당했을 때, 불평등하다고 느낄 때, 자기존중감에 공격을 당했을 때 느끼는 감정이라 했다. 지환이가 느낀 것은 우울도, 슬픔도 아닌 순수한 화임이 분명했다.

이후 '스카우트 제의 들어온 학교는 유명하지도 않은 학교인데 성공할 수 있을 것 같냐?', '키가 180센티미터도 안 되는데 되겠냐?' 등의 주워 담지도 못할 말들을 쏟아내자 결국 지환이는 현관문을 박차고 나갔다. 나는 텅 빈 거실에서 한참을 멍하니 있었다. 울고 싶다는 감정이 느껴졌지만 우는 법을 잊어버려 울 수 없었다. 지환이가 어린아이이길 바라면서도 오늘 처음으로 그런 모습을 보이자, 마치 내가 아닌 다른 존재가 말을 하듯 마음과는 다른 말을 뱉어냈다. 지환이가 어른이 될 수밖에 없는 건 못난 엄마 때문이리라. 결국, 이후 지환이는 언제 그랬냐는 듯 다시 어른아이로 되돌아왔다. 공업고등학교로 입학신청서를 낸 후 밤새 게임만 하는 지환이에게 화가나 회초리를 들어도 지환이는 묵묵히 맞을 뿐 대꾸하지 않았다. 그렇게 지환이는 점점 단념해갔다. 하지만 이번 출장 전, 밤새 게임을 하다가 오후 늦게 일어나 잠시 친구들과 농구를 하고 오겠다는 지환이에게 또 모진 말을 하며 농구화를 갖다 버리지는 말았어야 된다는 생각이 계속 맴돌았다. 단념이 체념으로 변하는 지환이의 눈빛이 가슴에 박혔다.

◇

초등학교 2학년, 아빠와 엄마가 이혼했다. 나와 엄마가 여러 지방을 옮겨가며 지낸 지도 6년이 지나고 있었다. 아버지와 이혼 후 엄마는 전국적으로 건강식품을 판매하는 영업직 일을 시작했다. 엄마의 일은 많이 바쁜 것 같았다. 엄마는 내게 우렁각시에 가까웠다. 가끔씩 찾아와서 먹을 것을 채워주고, 청소를 해주고, 교복을 사주었다. 이번 출장 또한 일주일 정도 걸릴 것이다. 자고 일어나니 엄마가 두고 간 이번 달 용돈이 담긴 봉투가 책상 위에 있었다.

오늘은 중학교 졸업식이 있었다. 내게 큰 의미가 있지는 않았다. 어차피 이사 후 한 학기 동안만 다녔던 학교였다. 새로 사귄 친구는 없었다. 이전 학교에서의 친구들도 거리가 멀어지니 마음도 멀어졌다. 내게 친구는 게임으로 만난 형, 누나들뿐이었다. 중학교 막바지, 엄마는 농구선수가 되겠다는 나의 유일한 꿈을 반대했고, 기술을 배우라며 마음대로 공업고등학교에 입학신청서를 냈다. 그리고 난 고등학교 입학 전 겨울방학 내내 게임을 했다.

밤새 게임을 하고 잠시 졸업식에 다녀온 후, 집에 돌아와 계속해서 잠을 잤다. 엄마의 전화에 깨어나 일어난 김에 밥을 먹고 다시 컴퓨터 앞에 앉았다. 아직 같이 게임을 하는 형, 누나들이 들어오지 않았다. 담배를 들고 잠시 집 앞으로 나갔다. 자고 일어나서 그런지 엄마가 매질한 다리가 유난히 아팠다.

'운동할 땐, 이런 거 보기도 싫었는데'

타들어 가는 담배를 보며 생각했다. 눈을 감았다. 잠시 세상이 없어졌지만 이내 다시 생겨났다. 새삼스럽게도 눈을 감는다고 세상이 없어지진 않았다. 엄마는 내게 청승 떤다고 하겠지만 사람들은 저마다 십자가를 지고 있다. 그리고 엄마는 내가 짊어진 십자가가 결코 자신의 것보다 가볍다고 할 자격은 없다. 아버지 없이, 엄마도 내 입학식, 졸업식 한 번 온 적이 없는, 계속되는 이사로 친구 한 명 진득하게 사귈 수도 없는… 막말로 세상이란 판에 들고 나온 게 개패일지라도 농구선수라는 꿈이 있어서 버티는 척이라도 할 수 있었다. 그런데 엄마는 그것을 빼앗아 갔고 세상은 단숨에 재미없어졌다.

처음으로 고등학교에 가던 날 밤에도 밤새 게임을 했다. 새 학기, 새 학교에 대한 설렘이나 불안 같은 것은 없었다. 감정이라는 나사가 빠져버린 것만 같았다. 다만 학교에 도착하자마자 이 학교가 속된 말로

'꼴통학교'라는 것은 느낄 수 있었다. 화장실에 들어가자 담배 연기로 앞이 보이지 않을 지경이었다. 나도 화장실 한 칸을 차지해 쪼그려 앉아 담배 한 대를 피웠다. 그 모습이 스스로 우스웠다. 더 골때리는 것은 점심을 먹고 난 후, 학교 뒤편에서 선생님들과 학생들이 함께 맞담배를 피우고 있는 모습이었다. 고개가 저절로 절레절레 저어졌고, 그렇게 첫날, 이 학교에 정을 붙일 수 없음을 확신했다.

3주 정도 학교를 다니며 담배를 나눠 피우던 재원이라는 친구와 가까워졌다. 재원이는 중학교 때 사고를 많이 쳐서 자신을 받아주는 고등학교가 이 학교뿐이었다고 했다. 부모님은 다른 지방에서 일을 하고 계시고, 부모님의 지원으로 혼자 원룸을 얻어 살고 있었다. 재원이네 집에는 매일 밤 술, 같은 학교 여자애들, 그리고 나의 방문이 끊이질 않았다. 처음엔 다소 거리감이 있었으나 어차피 집에 가면 혼자였고, 우울감을 피하려 게임만 할 뿐이었다. 그에 비해 매일 밤 이루어지는 그 작은 파티는 내게 개츠비의 화려한 파티와 다름없었다. 다음 날 아침 9시가 넘었지만 재원이는 일어날 생각이 없었고, 나는 혼자 주섬주섬 채비하곤 학교로 나갔다.

"야, 비겁한 놈아. 혼자 학교 와버리냐?"

재원이가 점심시간에 나타나 술 냄새를 풍기며 내게 말했다.

"어우 술 냄새. 너 숙취 개쩐다 진짜. 너 학교는 왜 오냐 대체?"

내가 손을 코앞에 절레절레 저으며 물었다.

"점심값 아깝잖아. 그리고 나 고등학교 안 다니면 돈이고 뭐고 다

끊겨 부모님한테."

나는 오후 내내 생각에 잠겼다. 재원이한테 했던 '학교는 왜 오냐?' 라는 질문을 내게도 던져보았지만 도저히 답이 나오지 않았다.

"용접 안 하고 뭐해 인마!"

한창 생각에 잠겨 있을 때 선생님이 내 머리를 때렸다. 표정 관리를 마저 하지 못한 채 선생님을 노려보았고, 분위기는 순식간에 험악해졌다.

"에휴, 됐다. 너 같은 놈들이 꼭 사고 치고 그러는 거야"

선생님이 쥔 매가 부들부들 떨렸지만, 선생님은 기분 나쁜 한숨을 한 번 뱉곤 휑하니 지나갔다.

인간이 참기 어려운 것은 고난 자체가 아니라, 고난이나 고통의 무의미함이라고 했다. 중학교 농구부에 있을 때, 농구선수였던 체육선생님은 우리를 아마추어라고 생각하지 않았다. 훈련하는 날이면 다들 공복으로 훈련에 참여해야만 했다. 반 이상은 구토를 했기 때문이다. 분명 그때가 더 힘들었다. 오후 늦게까지 중학교 수업을 소화한 후, 저녁에 훈련을 했기에 내 시간도 없었다. 하지만 그때는 자유를 빼앗겼다는 생각은 들지 않았다. 다만 자유를 스스로 내려놓은 것이었다. 의미가 있었으니까. 그러나 지금의 학교생활은 그저 자유를 빼앗긴 것에 불과하다는 생각이 들었다.

이틀간의 무의미한 학교생활을 더 한 후 나는 엄마 몰래 자퇴서를 냈다. 며칠 후 엄마에게까지 이 소식이 전해졌고, 엄마는 처음으로 출장 도중에 집으로 찾아왔다. 하지만 나는 재원이네로 도망갔고, 이후에도 몇 번은 더 도망쳤다. 한 달간의 술래잡기 끝에 엄마는 포기했고, 나는 결국 학교 밖 청소년이 될 수 있었다.

◆

어디서부터 잘못된 것이었을까? 잠결에 지환이가 사고를 쳐 경찰서에 잡혀있다는 연락을 받고 머리가 새하얘졌다. 꿈이길 바랐다. 하지만 삶이란 참으로 고약한 것이라 '이보다 더 나쁠 순 없어!'라고 생각하는 순간 항상 그 이상이 있음을 내게 보여주었다.

한 달 전, 지환이가 자퇴한 후 일을 그만둘까도 생각했다. 엄마인 적이 아니라 '진짜 엄마'가 되어주지 못해서 지환이가 빗나간 것이라는 생각을 씻을 수 없었다. 25년 전, 길에서 어떤 남자에게 해코지를 당할 뻔했을 때, 한 실업팀의 유도선수였던 지환이 아버지가 그 괴한을 업어치기 했을 때, 그 모습에 반해 그 남자에게 평생을 걸었다. 나를 평생 지켜준다고 했고, 든든했다. 하지만 현실은 우리를 계속해서 괴롭혔고, 손에 물 한 방울 묻히지 않게 해주겠다는 약속은 산산이 부서졌다. 아이들에게 변변한 학원 하나 보내줄 수 없었다. 아이들의 아버지는 체육계를 전전하다 자존심을 내려놓고 작은 치킨집을 차렸지만, 만반의 준비도 없이 시작한 가게는 이내 문을 닫을 수밖에 없었다. 지환이만큼은 그렇게 키우고 싶지 않았다.

경찰서에서 온 전화를 받자 아들이, 전남편은커녕 25년 전 나에게 해코지를 하려 했던, 지환이 아버지가 업어치기 한 전과 4범의 그 흉악한 사내가 되어버렸다는 생각에 정신이 아득해졌다. 비틀거리며 화장실로 가서 세수를 했다. 거울에 비친 내 얼굴을 보자 초라한 중년 여성이 서 있었다. 새삼스러웠다. 잠시 자고 일어나니 순식간에 수십 년의 세월이 흘러버린 것만 같았다. 긴 생머리, 유난히 젖살이 빠지지 않아 하얗고 발그레했던 볼살, 겁이 많고 소심했던 소녀는 짧은 머리에 흉하게 팬 볼을 가진 잔주름투성이의 억척스러운 중년 여성이 되어 있었다. 나에게도 꿈이란 것이 있었고, 꿈을 위해 애쓰던 시절이 있었다. 하지만 결혼을 하고, 아이들이 태어나자 아이들을 위해 살았고, 꿈을 꾸지 않기 위해 애써왔다. 서러웠다. 나는 무엇을 얻고, 잃어버린 걸까? 도저히 계산이 맞지 않아 눈물이 났다. 인천의 경찰서로 가는 내내 눈물이 났다. 30년 만에 터져버린 눈물은 멈출 생각을 하지 않았다.

경찰서에 도착하자 지환이와 또래 아이가 고개를 푹 숙인 채 앉아 있었다. 지환이를 한참 쳐다보았으나 지환이는 나와 눈을 마주치지 않았다. 경찰관에게 자초지종을 들었다. 지환이와 옆에 앉아 있는 녀석이 오토바이를 훔쳤다고 한다. 그것도 무면허에 음주 상태로 전봇대를 들이박았고 오토바이는 박살이 났다고 했다. 온몸이 떨렸고 어떻게든 버티고자 주먹을 꽉 쥐었다.

"지환아, 그리고 지환이 친구니? 이름이 뭐야? 둘 다 어디 다친 데는 없어?"

내가 나지막이 물었다.

"아 네, 저는 김재원이라고 합니다… 죄송해요 아주머니. 그냥 잠깐 타고 돌려놓으려 했는데…."

지환이는 아무 대꾸도 하지 않은 채 고개를 푹 숙이고 있었다. 한 사람을 고치는 방법이 다른 사람을 죽일 수도 있다고 했다. 여태의 나의 방법은 잘못됐음이 분명했고, 도무지 어떤 말을 해야 할지, 혼내야 할지, 손을 꼭 잡아줘야 할지 가늠이 되지 않았다. '진짜 엄마'들은 어떻게 행동할지, 정답은 무엇일지 아득했다.

어쩔 줄 몰라 하던 내게 형사는 친절하게 상황을 설명해 주었다. 이후 오토바이 주인과 합의를 했고, 빨간 줄은 그이지 않을 것이라고 했다. 형사는 지환이 나이가 조금만 더 많았으면 소년원에 갔을 것이라고 했으나 다행이 지환이는 1년간의 보호관찰만을 받게 되었다. 집에 돌아가는 내내 한마디도 할 수 없었다. 화를 낼 수 없어서였다. 화가 나는 것이랑 화를 내는 것이랑은 다른 문제이다. 나는 화를 내는 데에는 젬병이었다. 어떤 식으로든 입을 열면 돌이킬 수 없을 것만 같았다.

"엄마… 그때 왜 그랬어?"

집에 거의 다 도착했을 즈음 지환이가 처음으로 입을 열었다.

"엄마랑 아빠랑 이혼했을 때… 내가 아빠랑 형은 어디가는 거냐고, 왜 엄마랑 나랑만 살 거라고 하냐고 울면서 물어봤을 때…."

지환이가 어떤 이야기를 할지 전혀 가늠이 안 되었지만, 지환이의 입에서 나온 첫마디는 정말로 예상 밖이었다.

"그래, 엄마는 기억도 못 하겠지. 그때… 아홉 살짜리 애한테 왜 그랬어? 뭐가 뭔지는 모르겠지만 슬프고, 불안하고, 세상을 잃은 것 같던 그 조그마한 애한테 왜 소리쳤어? 왜 사내놈이 질질 짜냐고 때렸어?"

지환이의 목소리가 떨려왔고 고개를 돌려보니 지환이의 뺨에 눈물이 흘러내리고 있었다.

나는 아무 말도 할 수 없었다. 나도 너무 힘들었다고, 강하지 않으면 쓰러질 것만 같았다고, 나도 그렇게 견뎌왔다고, 현실에 굴복하고 순종하며 어른이 되었다고, 아니, 정말 미안하다고…

◇

무언가를 위해 인생을 다 바칠 수 있는 인생이야말로 진짜 멋진 인생이라고 생각한다. 엄마도 그런 멋진 삶을 살고 싶었으리라. 다만 엄마는 엄마의 멋진 인생을 위해 나의 그것을 빼앗아 갔다. 나를 위한다는 명분으로도 위로가 되지 않았다. 학업 중단 이후 계속해서 나의 삶은 백지 위에 백지를 쌓는 듯했다. 하지만 세상은 참 얄궂어서 위기 속에도 기회를 주기도 한다.

1년간의 보호관찰은 번거로웠지만 생각보다 재밌었다. 재원이와도 사건 이후 멀어졌고, 어차피 인천에는 친구가 없었다. 비록 보호관찰재이지만 교육을 듣고, 출석 체크를 하고 사람들을 만나는 것은 환기가 되었다. 그곳의 사람들은 '너는 잘하고 있다', '다양한 프로그램이 있으니 해보아라'라며 격려와 조언을 해주었다. 반년 동안 게임만 하던 일상에 지치기도 하였고 보호관찰관들의 계속되는 조언으로 결국 보호관찰소와 한국문화예술교육진흥원이 연계하여 보호관찰 청소년들에게 문화예술교육을 지원하는 프로그램을 수강하였다. 이때 나는 다양한 악기를 배울 수 있었고, 이는 무료한 삶에 꽤나 큰 흥미를 불어넣어 주었다. 그리고 재밌게도 내가 악기에 재능이 있다는 것을 알게 되었다.

"솔직히 너 연습하고 왔지?"

악기 선생님은 매일 같이 내게 물었다.

"아뇨, 어제 집 가서 종일 게임 하다 왔는데요?"

나는 사실대로 대답했다.

"하, 진짜 걷기도 전에 뛰고 있네. 악기 하나만 정하면 진짜 전문가로 가도 될 것 같은데…."

한 번 더 스스로가 의미 있는 사람이 된 것만 같았다. 기뻤다. 아니, 설렜다. 설렘이 온다는 것은 기회가 온다는 것이다. 이후 인터넷으로 일렉기타에 관해 공부했고, 전문가들의 연주를 유심히 살펴보았다. 자연스레 게임 하는 시간이 줄었고, 기타 선생님에게 질문이 많아졌다.

"저 진짜 기타 파면 먹고살 수 있을 정도예요?"

"응."

"선생님은 별로 안 먹고살 만한 거 같은데요?"

"뼈 때리지 마."

"선생님은 왜 악기연주자가 된 거예요?"

선생님은 돌연 눈빛이 바뀌며 대답했다.

"후, 얘가 또 예술인의 긍지에 대해 물어보네. 예술인은 말이야. 스스로의 욕구와 정열을 위해 사는 사람들이야. 그저 남이, 사회가 시켜서 하는 일을 죽상으로 하면서 돈과 명예를 얻고자 하는 사람들은 바보라고 여겨버리고 말이지."

'아… 네.'

선생님은 자신의 삶을 변호하듯 말을 이어갔다.

"영화 타이타닉 봤어? 선상의 연주자들은 배가 기울어져 가는 가운데서도 끝까지 악기를 잡았지. 신은 틀림없이 모든 일을 제대로 처리할 거야. 다만 연주자는, 세상 속에서 우리 예술가는, 우리 몫을 묵묵하게 하며 살아가는 거야. 참으로 자신의 인생을 사는 인생들인 거지"

원래 하던 대로 딴지를 걸까 하다가 유난히 비장한 선생님의 말투에 그만두었다. 애먼 내 가슴이 벅차올랐다. 그래, 아무리 아껴두어도 어차피 낭비되어버릴 내 청춘인걸.

'못 먹어도 고(Go)다!'

◆

지환이의 오토바이 사건 이후 5년이라는 시간 동안에도 나는 계속 출장을 다녔고, '진짜 엄마'가 되고 싶어 책을 읽기 시작했다. 그리고 지환이는 기타를 쳤다. 지환이도 지환이었지만 나도 참 나였다. 지환이가 기타에 빠진 것이 또 무엇이 그렇게 불안했는지 한동안 반대를 했다. 요즘 아이들은 공부 말고 다양하게 자신의 길을 걸어간다지만, 아무리 흔한 일이라도 내 이야기라면 별일이 아닌 것은 아니었다. 하지만 이번엔 내가 양보했다. 지환이가 행복해 보였기 때문이다. 행복이란 지극히 주관적인 것이다. 그러므로 더욱 자신을 찾아야 한다. 사실은 지환이가 어느새 나보다 훨씬 성숙해버린 것일지도 모른다. 이제는 집에 들어갈 때면 들리는 기타 소리가 제법 익숙해졌다. 아마도 익숙해진다는 것은 자신도 모르게 그 무언가를 사랑하기 시작한 것이리라. 지환이의 연주는 얼핏 들어도 상당히 수준급이었다.

"엄마, 엄마! 이거 봐봐!"

출장에서 돌아오자마자 지환이가 휴대폰을 보여주며 호들갑을 떨었다.

"어휴, 너 면도 안 하니까 이제 아저씨다, 아저씨."

어느새 23살이 된 지환이는 꽤나 성숙했고, 나는 '우리 아들, 다 컸다'라는 말을 하고 싶었으나 결국 면도 같은 소리를 던졌다.

"어휴, 오자마자 잔소리야. 이거 봐봐!"

가슴이 뭉클했다. 유튜브에 업로드된 동영상 속엔 훤칠한 사내가 기타 하나로 버스킹을 하고 있다. 한 곡, 두 곡이 끝날 때마다 박수갈채가 쏟아졌고, 얼핏 보아도 수십 명의 사람이 카메라를 켜고 있다.

"이거 나야. 유튜브 구독자도 1,000명 넘었어!"

입술을 지그시 깨물었다. 눈물이 터져버릴 것 같았다. 고마웠다. 박수를 보내준 사람들에게 일까? 지환이에게 일까? 아니면 신에게 일까? 모르겠다. 그냥 너무나도 감사했다.

이후 지환이는 '선상의 연주자'라는 이름으로 인터넷 방송에서 하는 악기 경연대회에 나가 상을 타고, 더욱 명성이 높아지기 시작했다. 왜 하필 '선상의 연주자'냐고 물어봤을 때 지환이는 대답했다.

"타이타닉 봤어? 선상의 연주자들은 배가 기울어져 가는 가운데서도 끝까지 악기를 잡았지. 신은 틀림없이 모든 일을 제대로 처리할 거야. 다만 나 같은 연주자는, 세상 속에서 나의 몫을 묵묵하게 하며 살아가는 거야. 참으로 자신의 인생을 사는 인생인 거지."

멋있었다. 말을 하는 지환이의 표정은 비장했고 제법 예술가 같은 티가 났다.

◆

오랜 출장을 마치고 일주일 만에 집에 돌아왔지만 지환이는 없었다. 지환이는 오늘 예정된 버스킹으로 지방에 내려간다고 했다. 라이브 방송을 할 것이라고 했고, 오후 8시에 꼭 유튜브를 보라고 했다. 시계를 보니 7시 반이 넘어가고 있었다. 빠르게 옷을 갈아입고, 세수를 했다. 그리고 지환이 방으로 들어갔다. 왜인지 지환이 방에서 지환이의 연주를 보고 싶어서였다. 두 손을 꼭 잡았다. 미소를 지었고 눈물은 멈추지 않았다.

06

우리들의 이야기

이상

"선호 씨는 14살 때에 학업을 중단하셨는데, 그 선택이 지금 생각해보면 어떤 의미가 있었다고 생각해요?"

21살이 된 선호 씨는 대답했다.

"새삼스럽지만요, 그걸 깨달았어요. 나한테 세상의 주인공은 나지만, 세상에게 주인공은 내가 아니라는 것을…."

"학업중단의 결정을 후회하시나요?"

"아니요. 다 좋을 순 없잖아요. 그런데 다 좋을 필요도 없는 거고요. 여태까지 살면서 제 선택이 최상은 아닐 수도 있었겠지만, 최선이었다고 생각하며 살아갈 뿐이에요."

◆

나는 공포감과 묘한 기대감에 가득 차 있는 그 눈빛이 무서웠다. 우리 엄마만이 유일한 희망이라고 굳게 믿는 그 눈빛에 답하지 못하면 엄마보다 한참은 어려 보이는 사람들도 엄마에게 상스러운 욕과 주먹질을 하곤 했다. 나는 엄마가 칼 위를 걸어 다니는 것보다 사람들이 더 무서웠다. 엄마가 방울을 흔들 때면, 작두를 탈 때면, 신이 내려와 동자 신이 될 때면 사람들은 두 손을 간절히 모아 무언가에 홀린 듯 연신 "비나이다, 비나이다."를 외쳤다. 이 세상 모든 것이 엄마에게 달려 있는 듯했다. 그리고 그 기대가 어긋날 때면 사람들은 이 세상 모든 것이 엄마 탓이라고 생각했다. 나는 엄마를 힘들게 하는 그런 사람들이 싫었다. 사람들이 다 돌아가고 유난히 야위어 보이는 그믐달 아래 엄마는 돈 봉투를 꼭 쥐며 나를 보고 공허한 웃음을 지어 보이셨다.

나는 이상하게 13살 이전의 이렇다 할 기억이 없다. 조용한 아이였고, 친구는 많지 않았다. 뭐 굳이 핑계를 대자면 항상 친구가 생길 만하면 우리 가족은 이사를 했다. 어머니는 무당이고, 아버지는 막노동을 하셨다. 언젠가 아버지가 지었다던 큰 아파트를 보며 물었다.

"아버지, 아버지는 저런 으리으리한 집을 지을 수 있으면서 우리는 왜 허름한 시골집에서만 살아요?"

아버지는 항상 대답하셨다.

"아버지가 더 으리으리하게 좋은 집 지으려고 연습하는 거야. 나중에 최고로 멋진 집 지어서 우리 가족 다 같이 살 거란다."

오늘도 우리 가족은 이사를 했다. 아버지가 또 집 짓는 연습을 하러 한동안 인천으로 가셔야 했기 때문이다. 또 한동안은 어머니가 터가 좋지 않다며 이사를 해야 한다고 하셔서 올해만 두 번의 이사를 했다. 이사 온 곳은 인천의 중심지는 아니었지만 확실히 동네는 이전에 비해

시끌벅적했다. 이전에 살던 곳은 편의점도 없는 인적 드문 시골 동네였기에 여름날 한낮의 아지랑이처럼 아른거리는 밤의 불빛에 적응하는 데에 조금 시간이 걸렸다. 그래도 좋았던 점은 공공도서관이 집에서 걸어갈 수 있는 거리에 있다는 것이다. 그 무렵 나는 도시 친구들처럼 학원을 다니지는 못했지만, 추운 겨울 내내 도서관에서 책을 읽었다. 도서관은, 그 안의 나는 포근한 이불 속에 있는 듯했다. 나의 체온과 어우러져 꼭 맞는 옷을 입듯 편안했고 따뜻했다. 13살까지의 인생을 되돌아보면 가장 행복했던 순간이었던 것 같다.

책을 읽으며 점점 나는 유치한 또래와는 달리 훨씬 먼저 어른이 되어간다는 묘한 우쭐감이 들었다. 공부를 왜 하는지도 모르면서 하루 종일 학원에 있을 또래들을 축복받은 바보 정도로 여겼다. 가장 중요한 하나를 모른다면 다른 모든 것을 아는 것이 무슨 의미가 있겠는가! 사실 어차피 친구는 없었고, 그럴 바엔 스스로 괴짜가 되는 편이 더 매력 있었기 때문일 수도 있다. 보통 비상하려면 이상해야 한다고들 하니까. 이렇게 방학이 끝났고 중학교에 입학했다.

중학교에 입학 후 한 달 동안은 교실은 무슨 옥타곤 경기장이라도 된 듯 싸움이 끊이질 않았다. 다들 왜 이리도 지독하게 싸우는지 의아했지만 나는 최대한 말썽을 피우고 싶지 않아 혼자서 지내곤 했다. 혼자 밥을 먹고, 누군가에게 말을 붙이지도 않았다. 나는 사람들이 싫다. 하지만 세상은 좋든 싫든 그 사람들과 함께여야 했다. 특히나 하필 수차례의 챔피언 결정전 끝에 반의 통이 되어버린 준우는 지독하게 반 아이들을 괴롭히는 유형이었고, 특유의 욱하는 성격 탓에 그 고사리 같은 손에는 또래들의 눈물 자국이 마를 날이 없었다.

"야, 너는 뭔데 교복 안 입고 다니냐?"

20일을 넘게 피해 다녔지만 결국 준우가 나에게도 시비를 걸었다.

"아, 입학하고 한 달 동안은 교복 안 입어도 된다고 하더라고. 나는 교복이 불편해서 나중에 입으려고."

사실 아직 교복을 사지 못한 것이었지만 솔직하게 이야기하면 더 시비를 걸 것 같아 적당히 둘러대었다. 적당히 잘 둘러대기도 한 것 같아 흡족하고 있을 때 준우가 깐족대며 말했다.

"지금 입은 건 교복 아니냐? 한 달 내내 그거만 입고 다니네. 빨고 입기는 하냐?"

조금은 치욕적이었지만 말썽을 부리기는 싫어 그냥 '허허'하고 넘겼다. 놀리는 재미가 없었는지 준우는 그러곤 매점으로 횡하니 가버렸다.

혼자만의 학교생활은 계속되었다. 한 달이 지나도록 나는 교복을 입지 못했고, 나는 점점 더 눈에 띄지 않기 위해 노력했다. 교복을 살 돈이 없었다기보다는 아버지와 어머니가 너무 바쁘셔서 말할 타이밍을 계속해서 놓치고 있었다. 교복을 입지 않고 침울한 분위기를 풍기며 돌아다니는 나를 이따금씩 노골적으로 쳐다보거나 말을 거는 사람들도 있었지만 나는 바보들의 행동에 개의치 않았다. 그렇다고 공부를 열심히 한 것도 아니었다. 공부보다 중요한 무언가가 부재함을 느꼈고, 단지 나는 그것을 찾고 있었다. 또 왜인지 마음 한구석에는 '정상인'이 되지 않기 위해서라면 뭐든지 할 거라는 생각이 자리하고 있기도 하였다. 그리고 점점 또래들뿐만 아니라 선생님들도 나를 유별나게 보는 시선을 느끼며 기묘한 뿌듯함을 느끼기도 하였다. 하지만 이따금씩 느껴지던 애처로운 눈빛이 있었는데, 그 눈빛을 받을 때면 마음 어딘가에 자리하고 있던 절망이 나를 집어삼키곤 했다. 그리고 그것을 감추려 충동적인 분노가 올라왔고, 이는 열네 살이 감당하기에는 꽤나 강도가 짙은 것이었다.

"비나이다, 비나이다."

유난히 추운 3월의 마지막 날 밤이었다. 사람들이 연신 외치는 '비나이다'에는 입김이 서려 있었다. 요란한 꽹과리 소리가 울려 퍼졌고, 엄마는 또다시 버선을 벗어 던졌다. 허름한 집의 초라한 마당에는 열 명도 넘는 사람들이 바글바글 서 있었다. 수건에 감싸져 있었던 칼날 위에 엄마가 올라탔고 사람들은 '어우' 하는 신음과 함께 그 재미난 볼거리를 지켜보았다. 그날도 동자신은 어김없이 찾아오셨다. 그런데 왜 신은 언제나 남을 위해서만 존재할까?

"어, 이선호?"

유난히 높은 톤의 목소리는 고개를 돌리지 않아도 준우임을 알 수 있게 했다. 하필 엄마를 지켜보며 묘한 감정에 눈물이 고인 그때였다. 나는 숨을 고르고 나서 대꾸하지 않았다. 한참을 지나도 다시 부르는 소리가 들리지 않아 뒤돌아보니 준우는 묶은 머리에 자연스럽게 흘러

내리는 옥빛 스웨터와 하얀색의 품이 큰 치마를 입은 아줌마의 손을 붙잡고 우리 집 대문을 나서고 있었다. 아마 준우의 어머니였을 것이다. 그제야 막힌 숨이 트였다.

"이선호 엄마 무당이래!"

안도의 한숨을 채 다 내뱉기도 전이었다. 다음 날 학교에서는 이미 소문이 퍼져있었다. 준우의 최측근이 그 집이 우리 집임을 알고 있던 것이다. 굳이 숨기고자 하는 마음은 없었으나 한 번 숨겨볼까 하는 나의 선택지는 타의로 찢어졌다.

"어제 왜 나 모른 척했냐? 쪽팔렸냐?"

"꽹꽹꽹~ 소리 살벌하더라."

"너네 엄마 막 칼 위에서 걸어 다니더라?"

준우는 나의 관심을 끌어보려고 꽤나 노력했으나 나는 별로 흔들리지 않았다. 상대를 안 해주니 준우는 더 부아가 나는 듯했다.

"쯧쯧, 불쌍한 새끼."

마지막으로 나를 뒤돌아보며 건넨 그 한마디에 나는 내 속에선 끝내 익숙한 절망과 분노가 치밀어 올랐다. 이후의 기억은 솔직히 잘 없다. 정신을 차려보니 준우는 피를 철철 흘리고 있었고, 주위를 둘러보니 사람들의 시선은 엄마가 작두를 탈 때의 사람들의 그 눈빛과 묘하게 닮아 있었다.

결국 어머니는 학교에 찾아와 준우와 준우 어머니 그리고 담임선생님께 빌었다. 의외였던 것은 준우 어머니가 상당히 점잖은 사람이었고, 원만히 일이 해결되었다는 점이다. 준우가 초등학교 때부터 사고를 많이 쳐왔고, 당장 지난주만 해도 준우의 싸움문제로 학교에 왔다 가셨기에 비단 나만의 문제라고 생각하지는 않으셨다.

오히려 가장 실망스러웠던 것은 담임선생님이었다. 학기 초, 계속되는 준우의 말썽으로 속된 말로 '초장에 잡는 것'에 실패했다고 느낀 담임선생님은 이번 일을 본보기 삼고자 했다. 부모님이 오고 가신 다음 날 조회시간 나는 또래들이 모두 보는 앞에서 심하게 매질을 당했다. 이후 이어진 1교시는 수학 시간이었는데 하필 담임선생님은 내가 있는 '하'반 담당이었고(수학과 영어는 우열반이 있었다) 아직 분이 풀리지 않았는지 나에게 입으로 매질을 해대었다.

"어쭈, 김준우, 이선호 다 여기 있네. 여기는 말썽부리는 애들만 모아놨나? 하라는 공부는 안 하고 싸움질만 하니까 너네가 여기 있는 거야. 쯧쯧."

'쯧쯧'과 함께 나를 쳐다보던 그 눈빛은 또다시 익숙한 분노를 불러일으켰다. 나는 자리를 박차고 일어나 무단으로 조퇴를 한 이후 일주일간 학교에 나가지 않았다. 부모님은 처음엔 설득하셨고, 계속해서 말을 듣지 않자 회초리를 드셨다. 그럼에도 꼼짝하지 않으니 어머니는 내가 귀신에 씐 것이라며 굿을 하겠다고 하셨다.

하지만 자식 이기는 부모 없다고, 나는 계속해서 학교에 나가지 않았고 결국 자퇴를 하게 되었다. 이후 일 년 동안은 집과 도서관만을 전전했다. 일 년간 못해도 백 권이 넘는 책을 읽었던 것 같다. 자연스레 작가의 꿈을 키우기도 했으나 어머니는 스트레스로 인해서인지 건강이 점점 나빠지셨고, 나는 어머니의 수고를 덜어드리고자 일자리를 찾아보았다.

열다섯 살이 된 겨울날 나는 공장일을 시작했다. 집에서 버스로 한 시간 정도 외곽으로 나가면 큰 김치공장이 있었다. 나는 출퇴근하며 생활비를 벌었다. 나는 일할 때도, 밥 먹을 때도 그 누구와 대화하지 않았다. 그곳에는 아주머니들도 많았지만 나와 같이 학교를 자퇴하고 일을 하던 또래들도 꽤 있었다. 하지만 나에겐 모두가 바보들로 보였다. 심지어 축복받지 못한 바보들. 그들은 나를 괴롭히지는 않았다. 오히려 그 반대였다. 나에게 틈만 나면 말을 걸려고 했고, 챙겨주려고 했다. 내심 고마우면서도 그것이 왠지 연민처럼 느껴져 거리를 두었다. 언제 또 절망과 허무함으로 뒤바뀌고, 울분이 터져버릴지 스스로가 무서웠기 때문이다.

일을 시작하고 3개월쯤 지나서였을까? 계절이 바뀜을 알리는 포근하고 신비로운 공기로 가득 찼던 봄날 낮시간, 꽤나 오래 일하셨다는 아주머니 한 분이 처음으로 나에게 말을 걸어오셨다.

"선호야, 학교는 왜 자퇴했니? 이 할미는 어렸을 때 그렇게 공부가 하고 싶었는데 동생들 먹여 살리느라 중학교도 못 마쳤다. 그게 한이 되어서 늦깎이 공부로 작년에 대학교도 졸업했단다."

"아 네, 저도 돈 벌어야 해서요."

내가 조금은 쌀쌀맞게 대답했다.

"그래, 나는 응원한다. 부모 잘 만나서 아무 생각 없이 학교 다니고, 학원 다니고 하는 애들보다 훨씬 낫다. 걔들은 진짜 자기를 만나기도 전에 역할을 강요받아 살게 되니까. 백지 위에 백지만 쌓는 셈이지. 그런데 말이다. 너무 마음의 문을 닫지는 마라. 이해는 한다, 선호야. 세상에 속하는 것보다 세상에 분노하는 게 더 속 편하니까. 그런데 우리 같은 아웃사이더들이 제일 조심해야 하는 게 흘러가는 대로 사는 것이거든."

"아줌마 말 새겨들어 인마."

옆에 있던 19살 형이 주유기를 급유대에 꽂아 넣으며 깐족거렸다. 형의 반팔 아래 왼쪽 어깨에 새겨진 체 게바라 타투와 눈이 마주쳤다.

"나른 건 몰라도 재랑은 친해지지 말고!"

옆에서 아줌마가 웃으며 말했다.

"아, 엄마! 이러기예요?"

그러고 보니 이 형은 이 아주머니를 엄마라고 불렀다. 이 형도 이곳에서 가장 오래 일하기도 했고, 워낙 넉살이 좋은 형이기도 했다.

아주 오랜만에 미소를 지었다. 그런데 계속해서 어딘가 시큰했다. 무릎이 아파 왔고 그래서 그날 저녁, 퇴근 시간 전까지 앉아 있어야만 했다. 집에 와서도 아주머니의 말이 맴돌았다. 마치 신발에 물이 스며들 듯 한순간에 젖어 든 것 같았다. 다만 신고 있던 신발을 벗는 것이 무서웠다. 이미 지독한 상황이 되어있을까 봐. 이미 발이 퉁퉁 붓고, 지독한 악취가 나고 있을까 봐. 하지만 결국엔 신발을 벗겨내야만 한다는 것을 직감했다.

이후 별반 다를 것이 없는 일상이 지속되었지만 아주머니와 그 형이 주고받는 티키타카에 조금씩 빠져들었다. 서로 유치하게 티격태격했지만 둘은 보는 이로 하여금 미소 짓게 만드는 조합이었다. 가끔씩 육성으로 웃음이 터져 나올 뻔했지만 왠지 멋쩍어 '크흠, 흠'하며 목을 가다듬었다.

"야 인마, 웃기면 웃어. 변태같이 씰룩거리지만 말고."

언제부턴가 형은 나를 의식했다. 무엇이든 자신을 목격해주는 것은 사람들에게 의미가 있으니까. 그리고 나 같아도 나 같은 사람을 웃기면 제법 쾌감이 있을 것 같다.

"형은 여기서 일한 지 얼마나 됐어요?"

나는 주유소에서 일한 지 거의 반년이 지나서야 처음으로 누군가에게 말을 걸었다. 형은 놀람과 반가움이 반반씩 섞인 표정을 순간적으로 지어 보였으나 조금도 당황하지 않은 척 대답했다.

"음, 4년 정도 됐나. 소년원 갔다 온 거 빼면 3년?"

왼쪽 팔과 다리에 가득한 타투와 거의 포복하다시피 타는 오토바이로 출퇴근하는 모습을 보며 '무형(무서운 형)'임을 직감했으나 소년원 이야기는 조금 의외였다. 이로 인해 선입견을 가졌다기보다는 이렇게 천진난만한 형의 뒤에 내가 보지 못한 모습은 무엇일지에 대한 궁금증이 생겨났다.

'크흠, 흠.'

나는 목을 한 번 가다듬고 대화를 이어갔다.

"여기 일 힘들잖아요. 저는 벌써 무릎 아픈데… 왜 다시 돌아왔어요?"

무형은 19살 인생을 되짚기라도 하는 듯 미간에 힘을 꽉 주곤 잠시 시간을 두고 대답했다.

"음… 난 아빠도, 엄마도 없어. 내가 좋은 일을 하든지, 나쁜 짓을 하든지, 뭘 하고 살든 의미 있게 봐주는 사람이 없었단 말이지. 그런데 사장님은 나를 봐주셨어. 내 삶에서 처음으로 중요한 목격자가 생긴 거야."

무형은 계속해서 말을 이어갔다. 신나 보였다.

"나는 제멋대로였어. 너같이 얌전한 애들은 스트레스받으면 막 자기 탓하고 우울해하고 그러지? 나 같은 애들은 몸이 먼저 나가. 다 뒤집어엎는 거야. 근데 사람이 그렇더라고. 성인군자 100명이 이야기하는 것보다도 내가 좋아하는 한 사람 말을 더 잘 듣게 되더란 말이지. 결국 사고를 치긴 했지만 내게 그 한 사람인 아줌마 덕분에 좀 사람 됐지. 지금은."

'훗, 내가 어떻게 자퇴했는지 모르는군.'

사실은 '나는 진짜 우울한 사람인가?'라는 생각이 스쳤다. 최근에 이따금씩 답답한 마음이 맹렬하게 열기를 뿜어낼 때가 있었는데, 그 근원지는 내 마음 깊숙한 어딘가였고, 심장이 터져버릴 것 같을 때면 뜨거운 한숨을 뱉곤 하였다. 그리고 그 한숨은 점점 잦아졌다. 나는 내 삶의 중요한 목격자가 아버지, 어머니 두 명이나 있으니 무형과는 달랐다. 그럼에도 이렇게 답답한 것은 왜일까? 사람의 부재일까, 사랑의 부재일까? 아니면… 그래, 결국 현실이다. 먹고살기 급급하면 몸도, 마음도 아프다.

우리 가족이 일 년 후 다시 ○○시로 이사 가기 전까지 나는 계속해서 공장에서 일했다. 월급은 최소한의 생활비를 제외하곤 모두 어머니에게 드렸다. 솔직히 어머니가 그 일을 그만두셨으면 했다. 이미 어머니의 몸과 마음은 한계에 이른 지 오래였다. 그리고 크고 작은 일들을 겪으며 나와 아줌마, 무형은 점점 가까워졌다. 예를 들면 한번은 내가 주유소 앞에서 담배를 피우던 동네 일진 형들과 시비가 붙어 팔에 깁스를 하게 되었는데, 무형이 친구들을 불러 연장을 챙긴 일도 있었다. 괜찮다는 내 말은 이미 이성을 잃은 무형에게 통하지 않았고, 유일한 한 사람, 사장님만이 무형을 겨우 말릴 수 있었다.

이사 가기 전 마지막 날, 아줌마는 퇴직금이라며 봉투를 쥐여 주셨다. 무형은 나에게 멋쩍게 악수를 하곤 뒤돌아서서 말했다.

"아 맞다. 넌 검정고시 봐라. 공부가 어울려 넌. 모르는 사람들이 꺼드럭거리면서 '밑바닥부터 하면 되지' 하는데 밑바닥도 만만치 않다. 나 같은 사람이나 그렇게 사는 거지. 넌 뭐랄까, 그거 보단 고상한 놈이야."

무형은 당장 생각난 것을 이야기하듯 세상 쿨한 척을 하며 이야기했지만, 몇 번이고 생각해둔 말이었음과 그의 애정은 다 티가 났다.

이사 후에 어머니는 대상포진으로 심하게 고생하신 후 아버지와 나의 설득에 결국 일을 그만두셨다. 나는 계속해서 아르바이트했다. 아니 해야만 했다. 피자집, 치킨집을 전전하며 또다시 일 년 동안 일을 했다. 그곳에서 만난 사람들과는 전혀 어울리지 않았다. 대부분 속된 말로 '비행 청소년'이었고, 몰래 술을 마시고 담배를 피우는 것은 내게 아무래도 흥미가 없었다. 만났던 사장님들도 나쁜 사람은 아니었지만 '왜 학교를 자퇴했냐', '학생이면 학교를 가야지 왜 일을 하냐', '이거 부모님한테 민폐다' 등의 걱정과 위로를 굳이 내게 해주었다. 진심은 느껴졌다. 하지만 진심이라고 항상 필요한 것이거나 도움이 되는 것은 아니다.

삶의 유일한 행복은 퇴근 후 책을 읽는 것이었다. 책을 덮을 때면 종종 무형이 마지막으로 내게 해준 말이 떠오르곤 했다. '공부를 해볼까'하는 생각이 종종 찾아오게 됐을 때 즈음 어머니가 내 손을 꼭 잡으며 말씀하셨다.

"선호야, 엄마는 우리 선호가 엄마 때문에 일만 하고 있는 것 같아서 항상 마음이 찢어지는 것 같단다. 돈은 아버지랑 엄마가 알아서 할 테니 검정고시를 보자."

'검정고시 보려면 교재도 필요하고, 수업도 들어야 하는데….'라는 생각이 들었지만 굳이 어머니께는 말하지 않았다.

"생각해 볼게요."

그래, 나도 공부하고 싶고, 하루를 살아가는 것이 아닌 미래도 살고 싶다. 하지만 내가 이렇게까지 힘들게 번 돈으로 공부를 해야 되는 것인가? 부모님께 돈을 드리고 나면 그 남은 돈으로는 제대로 놀지도 못하는데 말이다.

이후 나 같은 자퇴생이 나 혼자만 있지는 않을 것이라는 생각에 인터넷으로 커뮤니티를 찾아보았다. 생각보다 많은 자퇴생이 소통하고 있었고, '꿈드림'이라는 곳을 알게 되었다. 꿈드림은 학교 밖 청소년들을 위해 나라에서 운영하는 청소년 지원 센터이다. 9세에서 24세의 학교 밖 청소년을 대상으로 상담, 교육, 직업, 건강 등에 관련하여 실질적으로 지원을 해주고 있었다.

나는 이후 1년 동안 꿈드림 생활을 했다. 그리고 결과적으로 중학교 검정고시에 합격하였다. 꿈드림에 찾아가 처음으로 했던 것은 상담을 받는 일이었다. 검정고시 관련하여 수업을 받기 전에 짧은 시간 동안 상담을 받고 나의 성격 유형은 무엇인지, 이에 따른 공부 방법은 무엇인지 알아보았다. 이후 나는 수업을 받으며 각종 행사에 참여하였다. 가장 좋았던 점이 두 가지가 있었다. 첫째는 돈에 의한 회의감을 다소 해소했다는 것이었다. 우리 집은 차상위 계층으로 분류되어 교통비와 교재 등을 지원받을 수 있었다. 특히 두 달에 10만 원이라는 교통비는 내게는 매우 큰 것이었다. 두 번째는 젖어버린 신발을 조금씩 벗어 던질 수 있게 되었다는 점이다. 내가 혼자 지고 있던 마음의 짐을 이제 내려 놓을 수 있을 것 같았다. 꿈드림의 행사 중 한 번은 부산으로 수학여행을 간 적이 있었다. 짧은 시간이었지만 3박 4일 동안 같이 먹고

자면서 조금씩 마음을 열 수 있었는데, 친구가 생긴다는 것은 나에겐 처음 와 본 부산의 바다만큼이나 생소한 것이었다. 나는 늘 전학을 다니던 사람이었기에 중간에 끼는 사람이었고 서로 이질감을 느끼게 하는 존재였다. 하지만 그곳의 친구들은 달랐다. 나를 다르게 보지 않았고, 그들의 무리로 이질감 없이 받아주었다.

해운대의 바다는 나의 뜨거운 한숨을 잠시 식혀주었으나, 종종 우울감은 더 큰 파도가 되어 밀려오기도 하였다. 친구들을 바보라고 생각하며 스스로 고립되어 비상(飛上)을 위한 이상에 뿌듯해하던 나의 모습은 학교를 나온 후 현실 앞에 조금씩 희미해져갔다. 비상을 위한 나의 이상은 결국 비정상이 되어있는 듯했다. 결국 정상은 남들과 같은 짓을 하는 것이니까. 중요한 건 옳은 답이 아니라 남들이 옳다고 생각하는 것이니까. 답을 찾기 위한 나의 고뇌는 결국 천재가 지불해야 할 대가일까? 무형의 말이 맞았다. '밑바닥부터 하면 되지'라는 생각으로 편히 넘기기에는 내게 현실은 생각보다 훨씬 까칠한 녀석이었다. 그래, 어디까지나 신발을 벗어 던진 것이지, 젖어버린 양말을 말리는 것이나 퉁퉁 부어버린 발을 회복하는 것은 또 다른 시간이 필요해 보였다.

나는 중학교 검정고시에 합격한 후 고등학교 검정고시를 바로 준비하지는 않았다. 꿈이라는 것은 언제나 일상이라는 감옥을 감수한 대가로서만 주어진다. 내게 일상은 결국 돈을 버는 것이었다. 20살 때에 다시 수원으로 이사 가기 전까지 계속해서 아르바이트했다. 무릎이 이따금씩 시큰했지만 그럭저럭 살아갔고, 이렇게 나는 성인이 되었다.

인간에게는 통과의례라는 것이 필요하다. 이를 통과하기 전과 후에 사람들은 마음가짐도, 행동거지도 그럴듯하게 변한다. 또래들은 대학입시로 그것을 겪었겠지만 나는 글쎄, 좀 더 삶에 관해 배웠다고 믿어 본다.

20살이 된 후 나는 '홈스쿨링 생활백서'라는 인터넷 동호회 활동에 속하여 활동하였다. '홈스쿨링 생활백서'는 자퇴생을 돕는 자퇴생들의 커뮤니티로 학교 밖 경험이 있는 사람들이 학교 밖 청소년을 돕고자 정보를 제공하고, 학교 없는 졸업식을 개최하는 등의 자원봉사를 하는 곳이다. 신발을 벗어 던진 나는 그곳의 사람들과 잘 어울릴 수 있었다. 특히 대표님은 '제발 편하게 대해 달라', '일 못해도 괜찮다. 처음이니까 당연한 것이다' 하고 말씀하시는 등 수평적인 관계 속에서 인격적으로 대우받는 느낌을 느끼게 해주었다.

낮에는 일을 하고 주로 저녁에 활동하였다. 20살 이후 지금까지 계속하고 있는 배달일은 체력적으로 몹시 힘들었지만 마음이 채워지는 느낌은 나를 계속해서 활동하게 만들었다. 90만 원. 부모님은 괜찮다고 하시지만 그래도 고생하시지 말라고 최소한의 생활비만 남기고 부모님께 여전히 드리고 있다.

하지만 계속해서 이따금씩 마음이 먹먹해 왔다. 죽고 싶다거나 세상이 싫다거나 하는 거창한 감정은 아니었다. 다만 행복하지도 불행하지도 않은 그 기분이 나를 종종 견딜 수 없게 만들었다. 병원에서는 내게 우울증이라고 말했다. 그리고 군대는 우울증으로 유예가 되었다. 글쎄, 난 20년간 정말 열심히 살아왔다. 하지만 제자리에서 쉼 없이 발을 굴려 왔던 것 같다. 문제는 제자리걸음일지라도 한 걸음, 한 걸음 내디딜 때마다 나의 몸은 달아오르고 있다는 것이다. 하지만 후회는 없다. 그저 내게 현실이라는, 일상이라는 감옥이 지독하게도 단단한 것이었을 뿐이다. 21살, 보신각종이 힘차게 울렸다. 내게 주어진 또 다른 일년이 어떻게 펼쳐질지 기다리고 도전할 뿐이다.

07

우리들의 이야기

그들의 시선

지렁이를 밟았다. 지렁이는 꿈틀댔고, 그들이 왔다. 그들은 말했다. 지렁이가 잘못했다고. 지렁이 주제에 왜 꿈틀대냐고…

◆

엄마는 이번에 이사 가는 집은 공기 좋고 물이 맑고, 맘껏 뛰어놀 수 있는 곳이라고 했다. 이사를 하면 내 아토피도 없어질 것이고, 훨씬 넓은 집에 살며 강아지도 키울 수 있다고 했다. 자그마한 집에서 그나마 6개월 만의 이사이니 이렇다 할 짐은 없었지만 서울에서 4시간이나 걸려 온 만큼 엄마는 피곤했는지 이삿짐 아저씨들과 몇 안 되는 짐 정리를 마치고 이삿짐 아저씨들이 떠나자마자 단잠에 빠졌다.

이사 온 집은 사람이 살지 않은 지 몇 년이 된 집이라고 했다. 이 동네에는 그런 집들이 몇몇 있었는데 대부분은 무너져가는 흉가였고, 우리 집이 유일하게 사람이 살 수 있을 만한 집이라는 생각이 들었다. 엄마 말대로 공기 좋고 물도 맑았다. 걸어서 10분 거리에 작은 하천이 있었고, 그 안을 자세히 들여다보면 조그마한 고기들도 있을 만큼 물이 깨끗했다. 하천 위의 다리를 지나 조금만 더 걸어가면 사과밭 앞에 큰 슈퍼도 있었다. 심지어 집 앞에는 마당도 있어서 엄마 말대로 강아지를 키울 수도 있었지만 왜인지 엄마에게 속은 것 같은 기분이 들었다. 개학을 일주일 앞두고 엄마는 나를 데리고 다니며 동네방네 인사를 하러 돌아다녔다. 다리가 아프다고 투정하는 나에게 엄마는 아이스크림을 사주며 매번 진짜 마지막 집이라고 달랬다.

"여기 떡 좀 드세요. 저기 산 올라가는 길에 있던 집에 이사 왔어요. 인사해 승연아."

"안녕하세요. 저는 이제 12살 된 김승연이라고 합니다."

아무리 어려도 인사를 받는 그들의 눈빛이 썩 반갑지만은 않다는 것은 느낄 수 있다.

"우째, 여까지 왔노? 말투랑 생긴 거 보니께 베트남서 왔나?"

인사를 다니는 내내 모든 사람이 엄마에게 물었다. 그렇다고 해도 많은 것은 아니었다. 손가락을 접으며 세어봐도 총 30호가 넘지 않았다. 그나마 슈퍼 근처에 열 집 정도가 모여 있었고, 나머지는 산을 둘러싸고 흩어져 있었다. 대부분 할머니, 할아버지였다. 아줌마, 아저씨는 열 손가락에 들었다.

"아… 네. 필리핀에서 왔어요."

"야는 그 냇가 더 가서 있는 교차로 그 초등학교 댕기나?"

할머니가 나를 슬쩍 보고 말하셨다.

"네, 다음 주부터 다녀요. 할머니."

엄마도 피곤할 대로 피곤해졌는지 생기 없는 웃음을 지어 보이며 대답했다.

"아 맞나? 그까지 거리가 꽤 될낀데? 작년까지 거 댕기던 아 한 명 있었는데 애 아부지가 트럭으로 데려다주다가 마 안 되겠다 하고 이사를 가뿟다."

"아, 네…."

"바깥양반은 뭐하시고?"

"저랑 아이 둘 뿐이에요."

"쯧쯧, 맞나? 젊은 엄마가 아 혼자 데리고 보통이 아이겠네."

나는 엄마의 눈치를 슬쩍 보았다. 아침부터 듣넌 천편일률석인 말을 엄마는 계속해서 들을 작정인 것 같았다.

"엄마, 나 배고파. 집 가서 밥 먹자!"

나는 할머니를 한 번 쳐다보곤 엄마의 손을 잡아끌었다.

"어어, 승연아 이제 가서 밥 먹자. 할머니 나중에 또 인사 드릴게요. 안녕히 계세요."

집으로 가는 길, 엄마의 머리 위로 해가 지고 있었다. 날은 쌀쌀했으나 햇살은 따듯했고, 엄마의 손을 꼭 붙잡고 20분여를 걸어 집에 도착했다. 엄마와 삼겹살을 구워 먹고, 마당으로 나가 하늘의 별을 보았다.

"승연아! 하늘에 별도 많고 서울이랑은 되게 다르지? 엄마는 내일부터 일 나가야 하는 거 알지? 반찬 다 해두고 갈 테니까 잘 챙겨 먹고. 내일 기사분 와서 TV 설치해주신다고 했으니까 TV 보고 있어? 너무 멀리 나가지 말고. 알겠지?"

"응, 엄마!"

개학 전까지 심심한 날들이 계속되었지만 심심찮게 사람들이 찾아왔다. 할머니, 할아버지들은 우리 집 앞에서 두리번거리다가 괜스레 문고리를 만지작거리고, "누구 있소?"하며 대문을 활짝 열어 집에 들어오기도 하였다.

"아 여가, 느그 집이가? 집 좀 봐도 되제? 여 사람 사는 거 너무 오랜만에 봐가꼬…."

우리 집인지 할머니 집인지 알 수 없을 만큼 윗집 윤 할머니는 자연스레 집에 들어와 몇 없는 가구를 만지작거리셨다.

"한창 뛰어놀 때인데 여 산기슭까지 와서 안 심심나?"

할머니는 나를 딱한 눈으로 쳐다보며 말했다.

"아 네, 괜찮아요 할머니. 어차피 친구 별로 없었어요."

나는 미닫이문에 기대어 거실에 앉아계신 할머니에게 대답했다.

"와? 생긴 게 조금 다르다꼬 친구 안 해주더나?"

할머니는 다시 한 번 안쓰러운 눈으로 나를 쳐다보며 말했다.

"그런 거 아니에요! 저 원래 혼자 있는 거 좋아해요."

"에휴 딱해라. 어려서부터 그라믄 안 된대이. 말은 느그 어매보다 우리나라 사람처럼 잘하는데…."

"할머니, 저 TV 볼래요. 엄마가 모르는 사람한테 문 열어주면 안 된다고 했어요. 엄마한테 혼나요. 나가주세요."

"어이구, 애 좀 봐라. 알았다. 알았다. 내 나가꾸마."

서울이나 시골이나 그들의 시선은 다름없었다. 학교에서도 마찬가지였다. 개학을 하자 서울에서 온 뚱뚱한 필리핀계 혼혈아인 나는 몇 안 되는 전교생의 주목을 받았다. 특히 몇몇은 '친구들이랑 친하게 지내라'라는 선생님의 말이 무색하게 시비를 걸어왔지만, 나는 익숙하게 혼자 책을 보는 척을 하거나 운동장에 나가 있었다. 실망스러운 학교생활이 계속되었다. 실망스러운 것을 보니 조금은 기대를 했던 것 같다. 반 아이들은 나면서부터 알던 사이였던지라 더욱이 내가 낄 자리는 없어 보였다.

엄마도 엄마 편이 없기는 마찬가지였다. 내가 본 엄마는 항상 자기 스스로를 비난했다. 자신조차도 자신의 편이 아니었다. 그런데 엄마는 바보처럼 자신을 심하게 비난하는 사람이라도 남을 비난할 권리는 없다며 그들에게조차 싫은 소리 한 번 한 적이 없었다. 한 번은 윗집 할아버지가 찾아와 엄마에게 아버지는 어디 있냐며 엄마도, 나도 안 하는 아빠 욕을 했다. 할아버지가 측은한 눈을 하며 엄마와 나를 번갈아 쳐다보고는 휭하니 가버린 후, 엄마는 TV 보는 척을 하던 내 옆에서 눈물을 하염없이 훔쳤다. 이후에도 마을 사람들은 몇 번은 더 찾아와 아버지 없이 시골까지 내려와 사는 외국인 아닌 외국인 젊은 모자가 어디에서 왔는지, 어떻게 생기고, 어떻게 사는지 캐물으며 속으로 점수

를 매기고 가곤 했다. 그럼에도 엄마는 멋쩍은 미소를 지으며 매번 주
스 한 잔씩을 대접했다.

◆

고역인 학교생활은 한 학기 동안 계속됐지만, 한 줄기 빛이 일었
다. 여름방학을 앞두고 4학년 담임을 맡고 계신 남자 선생님이 내게 유
도를 배우지 않겠냐고 한 것이다. 어둠 속에서는 아무리 작은 빛이라도
온 세상을 밝힌다. 나더러 한 덩치 한다며 운동하면 잘할 것 같다고 했
고, 유도를 시작하면 시내도 자주 나갈 수 있다고 했다. 나는 손에 쥔
것이 없으니 놓을 걱정도 없었고, 바로 기회를 잡았다. 매년 가을, 군
단위로 대회가 열린다고 했고 우승해서 군 대표가 되면 도에서 대회를
치른다고 했다.

우선은 4학년부터 6학년까지 고루 10명이 채 안 되게 있는 학교
유도부에 들어갔다. 그리고 여름방학 내내 유도를 했다. 나는 세 달도
채 안 되어 6학년 형들을 압도했고, 유도선생님은 오랫동안 유도를 해
왔지만 나처럼 빨리 배우는 사람은 처음 본다며 칭찬해주셨다. 가을엔
결국 학교 대표가 되어 자신만만하게 대회에 나갔지만, 첫 경기에서 아
쉽게 석패를 하였다. 그 상대는 결국 전승으로 군 대표선수가 되었고,
아쉬운 마음에 눈물이 터졌다. 유도선생님은 집에 오는 길에 '하필 처
음에 만나서….'라며 훌쩍이는 나를 위로해주었다.

6학년에 올라가자 친구들의 괴롭힘은 더욱 심해졌다. 13살의 또래

에겐 다른 것은 틀린 것이었고, 성장하며 외모가 점점 더 달라질수록 나는 그들의 옳고 그름의 기준에 틀려갔다. 방과 후 유도를 하는 것만이 삶의 낙이었다. 유도선생님만은 살면서 처음으로 '그들'이 아니었다. 원체 단순한 사람이어서 그런 것일 수도 있으나, 유도선생님은 나의 생김새, 가정에 대해 한마디도 꺼낸 적이 없고, 그저 이런 시골에 갑자기 '유도신동'이 나타난 것에 대해 신기함을 가질 뿐이었다.

엄마 또한 계속해서 상처 입어갔다. 퇴근이 늦어지던 날, 남자 공장 동료가 몇 번 차로 엄마를 데려다 준 적이 있었다. 하필 아랫집 박 할머니가 그것을 보았고, 소문은 살을 덧붙여 동네에 퍼져나갔다. 동네에 몇 없는 젊은 여자, 그것도 남편을 잃은 필리핀계 과부. 동네 사람들은 지루한 일상 속에 익숙하지 않던 그림을 보곤, 자신만의 숨겨왔던 낭만을 밑도 끝도 없이 덧붙여 그려나갔다. 그럼에도 엄마는 홀로 눈물을 훔칠 뿐, 단 한마디의 해명도 하지 못했다.

"야, 필리핀 돼지! 이거 먹어봐. 우리 아빠가 어제 시내 나가셔서 외국과자 사오신 거야."

엄마와 나 모두 시골 생활에 지쳐갈 때 즈음, 항상 나를 따돌리는 데에 앞장서던 민식이가 체육 시간에 내게 종이컵에 과자를 넣어 권했다.

"어? 응. 고마워."

나는 달달한 설탕이 묻혀있는 과자를 냉큼 집어 한입에 넣었다. 그리고 입에 넣은 과자를 채 씹기도 전에 민식이 패거리는 자지러지며 웃어댔다.

"야, 애 이거 먹었어!"

민식이 패거리는 계속해서 낄낄댔고 나는 영문을 모르고 어리둥절했다. 민식이 옆에 있던 민식이 오른팔쯤 되는 민환이가 종이컵 안을 보여주며 말했다.

"그거 여기 있던 건데~"

종이컵 안을 들여다보니 개미들이 아등바등하며 종이컵을 기어오르고 있었다. 개미들을 잡아 둔 종이컵에 과자를 넣은 후 나에게 그 과자를 먹인 것이었다. 아무리 밟아도 꿈틀대지 않던 나는 처음으로 이성의 끈이 '뚝'하고 끊어져버렸고, 민식이를 업어치기 해버렸다. 일순간 민식이 패거리는 조용해졌고, 이내 흩어져 도망을 가버렸다.

이는 바로 담임선생님에게까지 전해졌다. 담임선생님은 친구끼리 장난칠 수도 있지, 덩치도 큰 녀석이 친구한테 손찌검하냐며 나를 나무라셨다. 다음 날 엄마는 학교에 찾아와 민식이 엄마에게 거듭 사죄를 했고, 민식이 엄마는 어눌한 엄마의 말투를 듣곤 얼굴을 찌푸렸다. '이래서 가정이 온전치 않으면 아이가 잘못 된다고, 못 사는 나라에서 온 못 배운 엄마 때문이구나'라며 체념하는 듯했다. 그 모습을 지켜보는 교무실의 모든 선생님 또한 나와 엄마가 교무실을 나간 뒤 그런 말을 한마디씩 하며 혐오감을 드러내며 냉소를 지을 것이 뻔했다.

유도 대회를 두 달 앞두고 나는 유도마저 그만두었다. 유도는 어느새 나의 정체성이었다. 그 외엔 나는 아무것도 아니었다. 하지만 최대한 조용히 지내야만 했다. 그들의 시선이 두려웠다. 꽃처럼 아름답지 않아도 좋았다. 나는 그저 언제부터인가 조용히 자리 잡고 있는 운동장 구석의 나무처럼 그저 가만히, 눈에 띄지 않고 서 있고 싶었다. 그러기 위해서는 나는 나서서는 안 되었다. 어려운 일은 아니었다. 감정과 욕구를 억누르면 되는 것이었다. 꿈틀대지 않고 조용히 있으면 되는 일이었다. 서글픈 위안이었다.

엄마는 엄마의 자리에서, 나는 나의 자리에서 그들의 시선은 계속되었고, 결국 초등학교를 졸업하자마자 2년간의 시골 생활을 마친 후 우리는 엄마가 아는 분의 도움을 받아 서울 대림동으로 이사를 했다.

◆

나는 서울에 올라온 후 중학교에 입학했지만 그들의 시선은 여전했고, 계속해서 따돌림을 당했다. 1년간의 학교생활을 버티다가 결국 자퇴를 하고 1년 반 동안 몇 가지 아르바이트를 전전했다. 단순한 아르바이트를 구하는 것도 쉽지 않았는데, 사장님들은 모두 나를 '학교를 안 다니는 학생'이라며 문제아 취급을 했다. 겨우 구한 일자리도 쉽게 잘리기 일쑤였다. 편의점 아르바이트 중엔 정산 때에 금액이 맞지 않자, 사장님은 3명의 아르바이트생 중 나만을 의심했다. 나는 절대 아니라며 호소했지만 사장님은 의심을 넘어 확신했고, '이제라도 솔직히 말하면 봐주겠다'라며 설득인지 강요인지 모를 말들을 내게 쏟아냈다. 그러다가 결국엔 내게 경찰서에 데려가겠다고 으름장을 놓았다. 후에 손님 중 한 명이 과자와 술을 훔친 것으로 밝혀졌는데, 하필 고등학교를 자퇴한 학교 밖 청소년이었다. 사장은 내게 미안하다는 말 한마디 없었다. 오히려 어찌 됐건 학교를 자퇴한 애들은 똑같다며 자신의 생각이 맞았다고 우쭐거렸다.

아르바이트를 그만둔 후 유도선수가 되어볼까 라는 생각에 체육계열 중학교를 알아보기도 했지만, 결국 엄마의 만류와 조언으로 돈보스코 직업전문학교에 입학했다. 돈보스코 직업전문학교는 숙련된 기술교사들이 직업교육을 실시하며, 기술숙련 및 취업뿐만 아니라 청소년들을 대상으로 사회에 잘 적응할 수 있도록 인성과 교양, 사회성을 기르도록 해주는 학교 밖 학교이다. 10개월간 오전 4시간, 오후 4시간의 학과 수업, 저녁 1시간 반의 야간 학과 수업을 이수하면 취업시장에서 숙련된 기술 인력으로 인정받을 수 있다고 했다. 이 학교의 학생 선발방식은 매우 독특했는데, 사회적 기준과 반대로 평가하여 학생들을 선발한다. 즉, 중졸 이하, 고교중퇴자, 고졸 이상 순으로 입학 점수에 차등점수를 부여받게 된다. 또한 생활보호대상자, 새터민, 장애인 등 더 어려운 여건을 가진 학생들은 가산점을 부여받게 된다. 전공은 생산기계과와 기계가공조립과로 나누어지는데, 모두 취업률이 매우 좋다고한다. 나는 그중 생산기계과에 입학할 수 있었다.

10개월간의 기숙사 생활 동안, 선생님들의 시선은 여태껏 느꼈던 그들의 시선과는 달랐다. 서로를 바라보며 자신을 만났기 때문일까? 또래들도 마찬가지였다. 돈보스코에서의 시간 동안 나는 중학교 검정고시를 준비했고, 학교의 도움을 받아 한 번에 중학교 졸업 자격을 취득했다. 그리고 나는 돈보스코 동료들과 돈보스코와 연계된 한 기업에 취업하여 3년의 시간을 보냈다.

3년이 흐르고 회사에 남은 사람은 나 혼자뿐이었다. 대부분 '자퇴생', '문제아'라는 억울한 딱지를 떼지 못한 채 어른들의 눈총에 6개월 이내로 나가떨어졌다. 하루에 야간 12시간, 주간 12시간을 번갈아 가며 일주일에 3일씩 일했다. 하지만 급여는 200만 원을 겨우 넘기는 수준이었다. 그럼에도 사람들은 '나이도 어린데 그 정도면 많이 받는 것이다'라며 나를 욕심쟁이 취급했다. 하지만 그 와중에 나는 조금씩 단단해져 가고 있었고, 스스로를 지키기 위해 꿈틀거리는 법을 조금씩 배워가고 있었다.

"내년엔 진짜로 대리로 올려줄게. 우선은 월급 조금 더 올릴거니까. 1년만 더 있어봐 승연아."

팀장님은 또다시 진급에 누락되어 퇴사를 하겠다며 씩씩거리는 나를 달래며 말했다.

"팀장님, 저 그 말 3년 동안 들어왔어요. 그리고 돈 때문에 그런 거면 진작 나갔어요. 밤낮 바뀌고 몸 다 상하면서 200만 원 밖에 못 받고 있는데 왜 계속 있어요?"

"야, 그래도 너 나이 때에는 많이 받는 거지."

"나이가 무슨 상관이에요. 제 능력에 비해서는요? 2공장에 유석이 형은 일 못해도 1년 반 만에 대리로 진급했잖아요."

"야, 인사처에 아무리 잘 말해도 네가 중졸이고, 미필이라서 누락시키는 걸 어떻게 하냐?"

나는 많은 것을 바라지 않는다. 힘들어도 버틸 수 있고, 돈을 적게 받아도 괜찮았다. 하지만 내가 통제할 수 없는 유리천장, 내가 아무리 노력해도 지긋지긋한 고정관념, 편견, 차별은 나를 항상 맥없이 주저앉게 만들었다.

나는 결국 20살이 되던 해 봄에 공장을 그만두었다. 그동안 일종의 월세로 엄마 지인의 집에 얹혀살고 있었지만, 내가 3년 동안 공장에서 일해 모은 돈과 엄마가 식당에서 일해 번 돈을 합쳐 조그마한 원룸을 얻어 전세로 옮길 수 있었다. 월세에서 전세로 옮기던 날, 엄마와 나는 단출한 짐 정리를 마치고 짜장면을 먹으며 펑펑 웃었고, 울었다.

그즈음 나는 다른 일자리를 찾을지 입대를 할지 고민했다. 나는 중졸이기 때문에 입대를 해야만 하는 현역과는 달리 보충역으로 분류되었다. 하지만 내가 원한다면 현역으로 입대가 가능했다. 그리고 나는 엄마의 바람과는 달리 입대를 결심했다. 나는 태어나서부터 항상 비정상에 분류되었다. 나의 삶에서 정상, 보통이라는 단어가 어울리는 일은 단 한 번도 벌어진 적이 없었다. '가만히 있어도 중간은 간다'라는 말은 나의 분수에 맞지 않았고, 발버둥질하지 않으면 이 생활이 끝날 수 없다고 생각했다. 어차피 취업해도 똑같이 중졸, 미필이라는 이유로 유리천장에 좌절할 것이 뻔했다. 반면에 요새는 군대에서 각종 자격증 취득과 검정고시 준비를 도와준다고 했다. 내가 열심히만 산다면 자격증과 검정고시에 합격해 '평범한 사람'의 자격을 얻을 수도 있을 것만 같았다.

그렇게 나는 그해 여름, 뜨거운 햇볕이 내리쬐는 논산 훈련소에서 펑펑 우는 울보 엄마를 등지고 늠름하게 입소를 했다. 늠름한 척했지만 여전히 세상의 시선은 두려웠다. 그러나 두려움에 떠는 것만큼은 하고 싶지 않았다.

◆

나를 더욱더 고통스럽게 하는 것은 고통 없이 살고자 하는 마음이었다. 나의 외모, 왕따, 중졸, 한부모 가정… 반갑게는 품을 수 없는 나의 모습들을 스스로 수용하지 못하면 못할수록 나는 무너져내리고 있었다. 1년 동안의 군 생활 속에 우울감이 찾아오기도 했지만, 우울은 스스로의 자격지심에 대한 불평이라는 생각에 나는 우울했지만 우울해하지 않았다. 군 생활 동안 평생을 안 읽어보던 책을 집어 들어 읽으며 마치 원효대사의 해골물 이야기 같은, 내 마음만이 모든 행복과 불행의 근원이며 아무리 사람들이 나에게 상처를 입혀도 나의 생각, 신념, 선택까지 움직일 수는 없다는 깨달음을 얻었다. 그리고 그들의 시선에 '어쩌라고' 정신으로 대꾸해주기로 했다.

1년간의 자대생활 동안 열심히 공부하여 컴퓨터활용능력 2급 자격증과 지게차 자격증을 취득했다. 선임은 내게 '자격증 공부는 아무나 하냐?'라며 체육 하던 중졸 주제에 몇 주 공부해서 딸 수 있는 것이 아니라고 비아냥거렸지만 속으로 '어쩌라고'를 한 번 외치고, 보란 듯이 한 번에 취득했다. 또한 대대에 20명이 넘는 병사가 고등학교 검정고시 준비를 희망하고 있었는데, 다른 중대의 검정고시 선배들이 멘토 역할을 해주어 원활하게 준비되어가고 있었다.

하지만 상병이 꺾여갈 즈음, 유난히 책을 잡은 두 손이 떨리는 날이 많아졌다. 아무리 자도 피로가 풀리지 않았고, 별명은 '잠만보 상병'이 되었다. 그리고 밤에 소변이 마려워 깨는 일이 잦아졌다. 불안한 마음에 의무실에 찾아갔고, 군의관은 내게 당뇨가 의심된다며 혈액검사를 권했다. 검사결과 제1형 당뇨였다.

당뇨는 제1형 당뇨와 제2형 당뇨가 있다고 한다. 당뇨 중 거의 대부분은 고열량의 식단 섭취나 운동 부족 등 환경적 요인이 크게 작용하여 나타나는 제2형 당뇨이고, 유전적인 영향으로 발병하는 제1형 당뇨는 매우 드물다고 한다. 하지만 나는 드문 일에 빠질 일이 없었고, 군의관은 의병제대*를 고려해 봄직할 정도라고 했다.

"너 탄산음료 많이 마셔서 그래."

"살찌면 당뇨 온다더라."

"스트레스 받는 거 있냐?"

선임들과 간부들은 지나가며 각자의 시선에서 한마디씩 했고, '당

---

* 의병제대: 군사 현역 군인이 업무 수행을 계속하기 어려운 병에 걸렸을 때, 국방부의 허가를 받아 예정보다 일찍 제대하는 일. 이때에는 이미 복무한 기간에 관계없이 남은 복무 기간이 면제된다.

뇨는 제1형과 2형이 있는데, 나는 제1형 당뇨이고, 제1형 당뇨는….'이라며 주절주절 설명할까 하다가 이내 말을 삼켰다. 진심을 다해 말해도 '그래도 탄산음료 많이 마시면….', '그래도 살찌면….', '그래도 스트레스 받으면….'이라고 생각하며 틀에 박힌 소리를 늘어놓을 것이 뻔했다. 나는 언젠가부터 그들의 시선이 실체가 되지 않도록 부단히 애를 쓰고 있었다.

결국 나는 군 생활 6개월을 남기고 의병제대를 했다. 군 생활을 통해 정상이 되고자 했으나 반대로 비정상으로 한 걸음을 더 옮기게 되었다. 결국 정상이라는 것은 남들과 같은 정도이니까. 옳고 그름은 그들과 얼마나 같은지에서 판가름 나니까. 그렇게 당뇨 환자와 의병제대라는 새로운 딱지를 달고 집으로 가는 버스에 올랐다. 입대하던 날의 뜨겁게 내리쬐던 해는 보이지 않았고, 추적추적 내리는 비에 낙엽만이 떨고 있었다.

전역 후 엄마에게 22살이 되기 전까지 딱 세 달 동안만 쉬겠다고 말했다. 이렇다 하게 이뤄낸 건 없었다. 집에서 게임만 할 뿐이었다. 세 달간 집 밖에 몇 번 나오지 않았던 것 같다. 그저 이 세상을 도무지 이해하지 못하겠다는 마음에 계속해서 어리둥절한 상태로 있을 뿐이었다.

몽롱한 마음을 환기하기 위해 22살의 일출을 보고자 새해 전날 밤 강릉행 기차에 올랐다. 연말과 연초의 경계에서 사람들은 들떠 보였다. 이어폰 소리를 키웠지만 사방의 웃음소리는 끊임없이 들렸고, 그 순간 나는 세상에 혼자 던져진 것만 같았다. 24시 카페에 가서 가방을 베고 한참을 엎드려 있었다. 슬프거나 우울하진 않았다. 하지만 눈물이 멈추지 않았다. 그들의 눈에 또 혼자 청승맞아 보일까 자리에서 일어나 카페를 둘러보니 많은 책이 꽂혀 있었다. 책 '미움받을 용기' 이후에 확실히 심리학자 아들러가 주목받은 것 같다. '미움받을 용기' 1편, 2편 옆에 '아들러의 인간이해'라는 책이 있었고, 제목에 매료되어 책을 집어들었다. 적당히 읽다가 베개로 삼고 잠에 들려고 했지만 생각보다 심오했고, 빠져들었다.

'참회하는 죄인'

아들러는 '참회하는 죄인'이 수천 명의 의인보다 높은 위치에 서 있다고 했다. 일상의 늪에서 자신을 구해내는 사람, 나쁜 길을 돌아 나온 사람, 삶의 좋은 면과 나쁜 면을 모두 잘 알고 있는 사람만이 훌륭한 인간이해자가 될 수 있다고 한다. 혼란스러운 환경 속에서 많은 실수와 잘못으로 허우적거리다가 벗어난 사람들, 혹은 아주 힘든 경험을 이겨내고 잘 수용하거나 특별한 공감 능력을 가진 사람들도 그러하다고 한다. '인간 이해'에 있어서는 나의 약점이, 불안하고 비참한 경험들이 오히려 강점이 될 수도 있다는 생각에 잠은 순식간에 달아나고 나의 정신은 날카로운 바늘이 되어 우울감을 터뜨렸다. '비정상'인 내가, 내 삶이 위로받는 기분이었다.

캄캄한 어둠은 어느새 어스름해졌고, 사람들은 하나둘 새해를 보기 위해 밖으로 나갔다. 나도 책을 덮고 그들이 향하는 곳으로 따라갔다. 가족, 연인, 혼자 온 사람도 많았다. 새해를 보기 위해 옹기종기 모인 그들은 모두 행복해 보였다. 새해를 보며 소원을 비는 그들의 입김은 나의 한숨과는 다르게 힘차 보였다. 나도 새해를 보며 소원을 빌고 희망을 꿈꿔보았다. 나도 행복했다. 그래야만 할 것 같았다. 그게 정상이니까.

08

우리들의 이야기

아웃라이어[*]

"살어리 살어리랏다. 청산애 살어리랏다. 멀위랑 다래랑 먹고 청산애 살어리랏다. 얄리얄리 얄라셩 얄라리 얄라…."

고려가요의 백미로 평가되는 '청산별곡(靑山別曲)' 속의 공간 구조와 갈등 구조에 대해 배운 적이 있다. 청산별곡은 강화도 중심의 임시 체제 안에 머무느냐 혹은 그 체제를 벗어나느냐를 둘러싸고 이질적인 생각을 가진 인간들이 새의 형상으로 서로 논쟁적인 대화를 벌이고 있는 작품이라고 한다. 도대체 무슨 말인지 모르겠다. 가르치는 선생님은 무언가를 알고 가르치는 것인지도 의심스러웠다. 무엇보다 이것을 배우는 것이 도대체 무슨 의미가 있는지 의문스러웠다.

'이걸 알아야 할 이유가 있나?'

초등학생 때 했던 깜지 채우는 숙제를 고등학교에서도 하고 있는 듯했다.

---

* 아웃라이어(outlier): 평균치에서 크게 벗어나서 다른 대상들과 확연히 구분되는 표본.

'청산별곡보다 왜 사는지, 어떻게 살아가야 할지를 배워야 하지 않나?'

초등학생도 동의할 것이다. 씁쓸한 마음에 수업시간 내내 책에 낙서만 끄적였다.

어떤 시인이 자신의 시가 수능 모의고사에 나와서 풀어보았는데 하나도 맞추지 못했다는 이야기가 생각나서 피식 웃었다. 시와 소설을 감정과 예술의 자리가 아닌, 논리와 이론의 자리에서 이야기한다는 것이 우습게 느껴졌다.

"최민준, 수업 중에 웃어?"

5교시, 점심시간 이후 다들 단잠에 빠진 터라 나의 피식하는 소리가 꽤나 크게 들렸나보다.

"죄송합니다. '얄리얄리 얄라셩 얄라리 얄라'가 재밌게 느껴져서요."

내가 사람 좋은 미소를 날리며 대답했다.

"아 그렇지? 선생님도 중독성 있어서 시 다 외웠어."

비난보다 무서운 것이 무관심이라고 했다. 국어선생님은 몇 없는 깨어 있는 학생인 내게 더 사람 좋은 미소를 날렸다.

'바본가….'

그러던 중 5교시가 끝나는 종이 울렸고, 친구들은 그제야 하나, 둘 일어나 활기를 찾았다.

"민준아, 너는 수업 집중도 안 하면서 어떻게 모의고사 맨날 올 1

등급이야?"

짝꿍이 조심스레 내게 물었다. 그러고 보니 얘는 항상 2등을 하는 친구였다. 그리고 조심스럽게 물어볼 필요 없는데.

"음, 글쎄 어렸을 때부터 아빠, 엄마가 영재 교육이니 뭐니 시켜대서 안 외워도 되는 것들은 점수가 잘 나오는 것 같아."

친구는 무언가 대단한 대답이라도 들은 듯이 고개를 끄덕이며 말했다.

"아, 그렇구나. 역시 조기교육이 중요한 거구나…"

그러곤 자신은 조기교육의 혜택을 받지 못한 불행한 존재인 마냥 의기소침해져서는 자리를 일어섰다.

'얘는 자기가 왜 공부하는지는 알까?'

인문계 고등학교 학생들은, 아니지 인문계 고등학교 중에서 열심히 공부하는 몇몇은 그저 공부에 중독이 된 것 같았다. 게임에 중독되듯이. 그 세계에만 들어서면 내가 무엇이라도 된 것 같이 느껴지니까. 그 공간에서는 내가 누구보다 인정받으니까. 아무래도 고등학교에서는 공부를 잘하면 부모님에게, 선생님들에게, 친구들에게 인정받는다.

자리에서 일어나 매점으로 힘없이 걸어갔다. 매점에 도착해 크게 하품하며 익숙하게 냉동 햄버거를 집어 계산을 했다. 그리고 햄버거를 전자레인지에 넣고 멀뚱멀뚱 서 있을 때 '한입만' 형이 나타났다. 한입만 형은 나보다 두 살이 많은, 고등학교 3학년에서 힘 좀 쓴다는 형인데 매번 매점에 나타나 후배들의 햄버거나 빵을 '한입만' 달라고 하는 것으로 유명하다. 그리고 곧 한입만과 나의 눈치싸움이 시작되었다. 원래 매점 햄버거는 30초만 돌려도 그럭저럭 먹을 만하지만 이미 내 햄버거는 40초를 넘어가도록 돌아가고 있었다. 한입만 형이 힐끗 쳐다보았지만 나는 모른 체했다. 50초가 넘어가려는 그때, 한입만 형은 결국 내 친구가 산 크림빵으로 표적을 돌렸고, 나는 후다닥 햄버거를 전자레인지에서 꺼내어 밖으로 나왔다. 왜인지 이긴 것 같은 기분이 들어 씨익 웃었다.

　하지만 너무 많이 돌린 탓에 햄버거는 눅눅하게 퍼져 있었고, 바로 먹기엔 너무 뜨거웠다. 현타가 와서 한숨을 크게 한 번 쉬었다. 반에 가서 먹고자 햄버거 포장지 끝을 잡고 반으로 향하는 계단을 올랐다. 그리고 1층과 2층 사이, 올라가는 길 계단에서 나는 '국비유학생 모집'이라는 공고문을 보았다.

　'국비유학생….'

　나는 유난히 남들과 같은 것을 싫어했고, 잘 닦인 길을 싫어했다. 부모님은 이런 나를 항상 형과 누나와는 다르게 '참 별나다'라고 걱정했다. 부모님의 든든한 지원을 받아 학원과 과외를 다니고, 사립 고등학교에 있는 지금이 사실 딱히 불행한 것은 아니었다. 다만 행복하지가 않을 뿐이었다. 스스로도 이런 나를 이해하기 위해서는 더 살아보아야 했다. 하지만 확실한 것은 나는 잘 닦인 아스팔트 길에서는 해답을 찾을 수 없다는 것이었다. 나는 항상 샛길을 찾고 있었다. 안 가본 길이 더 아름다울 수 있으니까. 아니 그렇게 믿으니까. 공고문을 본 순간, 올해 들어 가장 마음이 설렜다. 그리고 설렘이 온다는 것은 기회가 온다는 것이라고 했다.

집에 와서 국비유학생에 대해 찾아보았다. 말 그대로 국비로 유학을 보내주는 제도였다. 교육부에서 외국 대학의 3년간 학비와 생활비, 항공료까지 모두 지원을 해준다고 한다. 하지만 극소수의 사람들에게만 기회가 주어지며 만점에 가까운 어학성적이 필요하다고 한다. 그리고 무엇보다 지원자격 중에 고등학교 졸업이 적혀있었다. 문득 고등학생이어서는 안 되면서 고등학교에 이런 공고문이 있었는지 억울하던 찰나에 3학년을 대상으로 한 안내문인 것을 깨달았다.

'영어 성적은 만들면 되고… 시험? 시험은 뭐 공부하면 되겠고… 나이는 상관이 없다고 하고… 그런데 고등학교 졸업자거나 졸업예정자여야 한다….'

지겨운 고등학교 생활을 결국 3년을 꼭 채워야 가능하다는 것을 깨닫고 기대 뒤에 숨어 있던 실망이 한창 피어오르던 순간 한 가지 방법이 뇌리를 스쳐 지나갔다.

"자퇴!"

나이는 상관이 없다고 하니 고등학교 졸업장만 있으면 될 것이었다. 자퇴를 하고 검정고시로 고등학교 졸업장을 취득한 후, 영어 성적을 만들고, 시험 준비를 하면 될 터였다. 나의 설렘이 점차 실체가 되고 있었다.

이후 한 달 동안 계속해서 부모님을 설득했다. 부모님은 차라리

유학을 보내주겠다며 자퇴를 극구 반대하셨지만 나는 학교에 몇 번 무단결석을 하면서 적당한 반항과 회유를 섞어 부모님을 설득했다.

"저는 부모님한테 손 벌릴 만큼 어리지 않아요. 대학교 가서도 부모님한테 용돈 받고 사는 모질이가 되고 싶지도 않고요. 3년간 학비랑 생활비 전부 지원된대요. 올해 안에 검정고시 따고, 내년 안에 영어 성적이랑 시험 준비해서 꼭 합격할게요. 그러면 오히려 19살에 해외 좋은 대학교 입학하는 거예요."

엄마는 조금씩 나의 설득에 넘어왔지만 아빠는 계속해서 반대했다.

"형, 누나들은 다 안정적으로 공부하고 학교 마쳐서 지금 다 좋은 대학교 가 있는데… 어려서부터 제일 똑똑한 놈이 왜 그러는 거야? 너 그러다가 잘못되면 평생 고등학교 자퇴생이라는 딱지 붙이고 사는 거야."

나는 논쟁이라면 언제든 환영이고 질 준비는 되어있지 않다.

"아빠, 인간은요 늘 자신을 속이고 살아요. 보고 싶은 것만을 본다거나… 마치 존재하지 않는 사랑을 보는 것처럼요. 아빠도 첫사랑이 있죠? 그 사람이 진짜 아빠한테 마음이 있었어요? 미소 한 방에 아빠 혼자 없는 사랑을 보고, 품은 것 아니었어요? 형이랑 누나가 명문대 들어갔다고 어떻게 평생 행복하고, 안정적일 수 있겠어요? 다만 우리나라에서 명문대를 들어가는 것은 그럴 것이라고 자신을 속이기 좋을 뿐이에요."

아빠는 내 눈을 바라보며 애정 어린 한숨을 쉬셨다. 그리고 직감했다. 나는 자퇴를 할 수 있을 것만 같다고. 결국 일주일이 지나 나는 학교에 자퇴서를 제출할 수 있었다.

그리고 다음 해 4월 고등학교 검정고시에 합격했다. 일 년이나 걸린 것은 고등학교 검정고시 시험이 4월, 8월에 두 번 있는데 제적처리가 6개월이 지나야 시험을 치를 수 있었기 때문이다. 검정고시 시험은 내게 어렵지 않았기 때문에 1년간 영어공부를 병행하며 열심히 놀았다. 친구들이 학교에 있을 시간에만 공부하고, 이외의 시간에는 친구들을 불러 모아 당구를 치거나 PC방에 갔다. 친구들은 자유로워 보이는 나를 부러워했지만 나도 나름대로는 족쇄가 있었다. 무엇에 구속을 당한 것일까? 아마도 나 자신일 것이다. 나는 자신 있게 다른 길을 걸어가기로 했다. 그리고 다른 길로 걸어가는 자의 숙명은 아마 새로운 길이 옳다는 증거를 끊임없이 만들어 내는 것이다.

부모님은 종종 내게 '너무 논다'라며 잔소리를 하셨지만, 나는 그때마다 현란한 언술로 부모님의 불안을 낮춰드렸다. 물론 그러면서도 나도 내심 불안을 느끼고 있었다. 항상 자신 있는 척하지만 나도 열여덟 살에 불과할 뿐이다. 부모님은 경제적, 정서적 지원을 두둑하게 해주셨다. 사실 정서적으로는 잘 모르겠다. 응원보다는 부담을 주시는 쪽에 가까웠다. 다만 경제적으로는 검정고시 학원비, 영어 학원비, 생활비를 지원해주셨다. 그리고 그 돈의 대부분은 나의 주식 투자금이 되었다.

◆

　나는 어려서부터 주식과 부동산에 관심이 많았다. 지금 내가 사는 ○○시만 해도 불과 10년 전과는 상상할 수 없게 집값이 올랐다. 그럴 때마다 '부모님이 조금만 더 투자해서 옆 동네 허름한 빌라라도 하나 사두었으면….'과 같은 생각이 끊이질 않았다. 지금은 재개발에 들어가 아파트가 된 그 빌라의 집값은 강남 집값의 뺨 때리는 수준까지 올라 있다. 당장 부동산에 투자할 시드머니(종잣돈)가 없기 때문에 일 년 사이 주식을 시작했다. 어릴 적부터 투자의 귀재 워런 버핏의 책을 섭렵했고, 인터넷과 동영상을 통해 주식을 조금씩 접해왔기 때문에 나에게 주식의 진입장벽은 그리 높지 않았다. 처음엔 생활비를 쪼개서 조금씩 이것저것 넣어보았다. 하지만 재미를 붙여갔고, 점점 투자금을 높여갔다.

　투자금을 위해 우선 검정고시 학원을 그만두었다. 물론 부모님에게는 비밀이었다. 학원을 한 달 동안 다녀보니 굳이 학원까지 다닐 필요를 느끼지 못했다. 그리고 인터넷 검색으로 학교 밖 청소년 지원센터 '꿈드림'을 알게 되었다. 그곳에서 검정고시 교재와 인터넷 강의를 무료로 지원받고, 종종 대학생 멘토링을 받아 모르는 문제를 해결할 수 있었다. 그렇게 검정고시 학원비는 온전히 내 주식 투자금이 되었다.

　처음 일 년은 사실 소소하고 은밀한 취미 정도로 시작했다. 하지만 검정고시에 합격한 이후 나는 국비유학 준비와 주식투자가 주객전도 되었다. 밤이면 택배상하차를 나가 돈을 벌었고, 낮에는 종종 영어

공부와 국비유학 시험공부 대신 행사장 철거나 공사장 일과 같은 가장 시급이 센 막노동을 했다. 영어 표현에 'beginner's luck'*이라는 표현이 있듯이, 하필 나는 주식으로 크고 작은 성공을 맛보고 있었고, 점차 나는 중독되었다.

18살의 겨울을 맞이하자 어느새 3,000만 원이 넘는 돈이 내 수중에서 굴러가고 있었다. 주식 안의 돈은 돈 같지가 않았다. 그저 숫자놀이 같았고, 마치 게임머니 같았다. 막노동으로 번 10만 원은 아까워서 끼니조차 편의점에서 해결했지만, 주식 안의 수백, 수천만 원은 별것 아닌 것처럼 느껴졌다.

영어 성적은 예상보다 늦게 가까스로 취득했다. 만점에 가까운 성적이 필요했지만 만점과는 거리가 멀었다. 하지만 최선이었고, 남은 반년 동안은 국비유학 시험만을 준비하기에도 버거웠다. 부모님의 걱정이 나날이 커지는 것과는 달리 나는 시험공부에 집중할 수 없었다. 자리에 앉을 때면 주식차트가 머릿속에 펼쳐지곤 했고, 나의 뇌는 24시간, 꿈에서도 어디에 투자할지 머리를 굴리고 있었다.

이따금씩 나는 기회의 냄새를 맡을 때가 있다. 마치 만화에서나 나올법한 머리가 번쩍하고 깨달음을 얻는 그런 느낌이랄까? 국비유학 공고문을 보았을 때가 그랬다. 이후 또 한 번 머리가 번쩍이던 날도 자기 전까지 주식 생각을 하고 있었다. 앞으로 국내 정세와 경제, 사회가

---

* beginner's luck: 초심자의 행운, 무언가를 처음 시작할 때 맞게 되는 뜻밖의 행운이나 성공.

어떻게 돌아갈지 한창 머리를 돌리고 있었을 때였다. 여태 바이오 관련 주식으로 많은 재미를 보았지만 조금씩 주춤하여 다소 부족한 느낌이었고, 내심 한 방을 노리고 있었다. 침대에 누워 잠이 들기 직전, 언젠가 신문에서 본 전기차, 미래 친환경 모빌리티, 우주 관련 산업이 번뜩였다. 머리가 반짝했고, 정신은 또렷해졌다. 냄새가 났다. 순전히 직감은 아니었다. 관련해서 관심을 가지고 있던 사람이라면 알 수 있을 만큼의 언급은 된 분야였다. 그리고 다음 날 기존의 모든 주식을 팔아 관련 해외 주식에 올인했다.

하나의 주식에 모든 자본을 올인한 것은 순전히 대박을 위함은 아니었다. 나는 1년 동안 시험공부에 전혀 집중을 못하고 있었고, 시험에 집중하고자 함이었다. 나는 나의 머리를 믿는 편이다. 어려서부터 이렇다 할 노력 없이 뭐든지 곧잘 1등을 하곤 했고, 이대로 가다간 백 세 인생에 너무 빨리 세상을 깨달아버려 세상살이가 재미없어질 것만 같은 걱정을 하기도 했다. 누가 보면 오만하다고 하겠지만 여태 나의 경험은, 나의 삶은, 나의 세계는 그래왔다. 뭐, 예를 들면 형은 서울대, 누나는 연세대를 다닌다. 하지만 형과 누나, 나를 모두 지켜본 아빠, 엄마, 과외선생님은 하나같이 내가 더 똑똑하다고 말한다. 형과 누나는 노력하는 영재라면, 나는 그냥 천재라고 했다. 그런 나라도 공부를 전혀 하지 않기에는 국비지원 유학이 절실한 전국의 어른들과 경쟁하는 국비유학 시험은 부담이 되었고, 무엇보다 만약 떨어진다면 부모님, 친구들에게 창피해서 혀를 깨물어버릴 것만 같았다.

6개월이 지났고, 그 사이 국비유학 시험을 치렀다. 사실 공부에 별로 집중하지 못했다. 주식을 한 곳에 묻어둔 후에는 스스로 더 이상 주식 생각을 하지 말자고 약속했다. 그리고 이는 지켜졌다. 하지만 그 사이 게임에 중독되고 말았고, 독서실에 있는 시간보다 PC방에 있는 시간이 더 많았다. 나 역시 공부 빼고는 다 재밌는 19살에 불과했다. 그래도 설마 내가 탈락할 것이라는 생각은 조금도 하지 않았다.

◆

마지막 10대의 겨울, 시험을 치르고 얼마 지나지 않아 첫눈이 내렸다. 함박눈이었다. 눈을 감고 가만히 눈을 맞았다. 행복이 멈추질 않았다. 눈을 뜨자 하얀 눈송이 하나가 하늘 높이 올라가고 있었다. 그 하얀 눈은 계속해서 하늘 높이 올라갔다.

스무 살이 되기 전에 삶에서 진짜 무언가라고 할 만한 일이 벌어진 사람들이 그리 많지는 않을 것이다. 하지만 내게는 그런 일이 일어났다. 스무 살을 앞둔 겨울, 나의 올인은 한 마디로 대박을 쳤다. 3,000만 원 대였던 나의 자금은 억대를 넘어섰다. 국비유학 시험 또한 무난하게 치렀고, 내년 1월 발표 전까지 나는 자유였다. 돈과 시간, 인정, 자존감을 모두 가지니 세상을 가진듯한 기분이었다.

주식은 갭투자*를 위해 모두 매도했다. 나는 일억이 넘는 현금자

* 갭투자: 매매가격과 전세가격 간 격차가 작을 때 그 차이(갭)만큼의 돈만 갖고 집을 매수한 후 직접 살지는 않고 임대주택으로 공급하다가 집값이 오르면 매도해 차익을 실현하는 투자법.

144

산을 가지고 있었고, 그만큼 씀씀이도 커졌다. 안 사던 옷과 신발을 샀다. 모두 명품이었다. 아버지에게는 골프채를, 어머니에게는 명품가방을 사드렸다. 부모님은 처음에 내가 불법적인 일로 돈을 벌었는지 걱정하셨다. 하지만 상세히 설명을 드렸고, 이내 '역시 막내아들은 천재'라며 그 누구보다 좋아하셨다.

행복이란 원하는 것 중에서 내가 가진 것이라는 말을 들은 적이 있다. 학교를 자퇴하며 내가 가장 원하던 것은 타인의 인정이었고, 나는 그것을 얻게 되었다. 억 단위의 돈은 덤 아닌 덤이었다. 얼마 안 가새해가 되었고, 어른이 되었지만 별 감흥은 없었다. 다만 내가 이제 스무 살인 것이 새삼스러웠다. 이미 너무나도 많은 것을 이루어버린 듯했다. 세상을 혼자만 전지적 작가의 시점에서 보는 듯한, 세상을 다 알아버린 듯한 생각이 들었다.

'생각을 조심해라. 말이 된다. 말을 조심해라. 행동이 된다. 행동을 조심해라. 습관이 된다. 습관을 조심해라. 성격이 된다. 성격을 조심해라. 운명이 된다.'

아버지는 항상 내게 말씀하셨다. 생각을 조심하라고. 하지만 나의 오만한 생각은 말과 행동과 습관과 성격이 되어가고 있었다. 그리고 점차 운명도 바뀌어가고 있었다. 친구들을 만날 때마다 내가 모든 비용을 냈다. 밥, 술, PC방 비용까지. 혼자만 어른이 된 양 거만하게 굴었다. 심지어 부모님, 형, 누나에게도 용돈을 드리며 거들먹거렸다. 나는 점점 밥맛이 되고 있었지만 알지 못했다. 원초적으로 사람은 뛰어난 사람을 미워하기 쉽지 않으니까. 다만 그들의 마음속에서 점점 멀어지고 있다는 것은 눈치채지 못하고 있었다. 그리고 점점 운명은 나를 달갑게 생각하지 않았다.

1월 말, 국비유학생 최종 발표 날이 되었고, 결과를 확인했다. 사실 당연히 합격이라고 생각했고, 발표 전까지 이미 지원할 해외 학교들을 알아보고 있었다. 하지만 불합격이었다. 조금 놀랐지만 슬프지 않았다. 나는 휴대폰을 들었다.

"안녕하세요, 저 국비유학생 지원한 최민준이라고 하는데요, 결과 발표 잘못된 거 같아요."

나는 그 정도로 오만했다.

"아, 네 한 번 알아볼게요. 잠시만요. 저기 죄송하지만 불합격 맞으세요."

나는 도망치듯 통화를 종료했다. 그리고 한참을 침대에 누워있었다. 생에 처음 경험한 실패였다.

"민준아, 괜찮아. 내년에 다시 하면 되잖아. 너는 똑똑해서 집중하면 금방할 수 있어."

"민준아, 아니면 수능공부 1년만 딱 하고 한국 대학으로 가는 건 어때? 요새 재수 많이들 하잖아. 재수하는 셈 치는 거지. 당장은 힘들어도 되돌아보면 다 추억이야. 오히려 힘든 게 더 추억이 되고 그러더라. 엄마가 살면서 겪어보니까 추억은 지독한 냄새가 나는 거름에서 더 잘 피어오르더라."

아빠와 엄마는 나를 나무라지는 않으셨다. 하지만 나는 스스로 끝없이 곤두박질쳤다. 나는 하늘을 향해 올라가는 하나의 눈송이었다. 그러나 순식간에 땅에 처박힌 후 무기력하게 녹아내리는 듯했다. 나는 나의 슬픔도 사랑하기엔 너무 어렸다. 또래에 비해 월등하다고만 생각했던 나는 사실 내 나이 대 그 누구보다도 어렸다. 왼쪽 손목에 10년 동안 함께한 묵주 팔찌를 빼며 하나님을 원망했다.

'왜 저를 떨어뜨리셨어요? 분명 저보다 못한 사람들도 붙었을 텐데'

'하나님이 보시시기에도 제가 너무 오만했나요? 그래서 저희 아버지가 항상 하시는 말처럼 제 운명을 뒤트신거예요?'

나도 안다. 그저 없는 핑계를 찾는 것뿐이라는 사실을.

자존감이 높은 사람들은 예상과 달리 관계의 질이 유난히 높지도 않고, 자기중심적인 태도를 지닐 수 있다고 한다. 스스로 통제력이 높다고 자신해서 '나는 언제든 그만둘 수 있어'라는 생각으로 음주와 흡연에 대해서도 관대하게 생각한다고 한다. 정확히 나의 모습이었다. 발표 후 한 달간 창피함에 친구들을 불러 털어놓지도 못하고 혼자서 술을 마시며 줄담배를 했다. 살이 한 달 동안 5킬로그램이 빠졌다. 그리고 나는 도망치듯 군 입대를 했다.

♦

20살 4월, 육군훈련소에 입소했다. 서둘러 입대를 결정한 것은 내 마음을 다스리기 위해서였다. 무너져버린 멘탈을 회복할 시간이 필요했고, 그 시간을 어차피 언젠간 해야 할 숙제인 병역의무를 소화하며 보내고 싶었다. 대한민국 남자라면 대부분하는 훈련소 생활조차 쉽지 않았다. 몇 번이나 뛰쳐나가고 싶은 마음이 들었다. 그리고 그런 마음이 드는 나의 모습이 비참했다. 보통도 못되는 나약한 존재가 되어버린 것 같았다. 불과 몇 개월 전에만 해도 나는 세상을 홀로 전지적 시점으로 살아가던 사람이었다. 하지만 순식간에 한 치 앞도 알 수 없는, 험난하고 궂은 일이 가득한 1인칭 시점의 주인공이 되어 버린 듯 했다.

강원도 지역의 군부대에 자대배치를 받았다. 나는 일병, 상병이 될 동안 외톨이로 지냈다. 가족, 친구들과의 면회도 한 적이 없었다. 부모님과 친구들이 종종 면회를 온다고 해도 말렸다. 거울을 볼 때마다 군대로 도망쳐온, 머리를 빡빡 민 도망자의 모습은 진짜 내 모습이 아닌 것만 같았다. 선임, 심지어 동기들조차 친하게 지내지 않았다. 지금 초라한 내 모습은 진짜 내가 아니었기 때문이다.

상병이 꺾여서야 한 후임과 처음으로 마음을 터놓을 수 있었다. 29살의, 누구나 아는 유명 사립대 법대를 나와서 여태 사법고시를 준비하다가 떨어지고 군 입대를 한 후임이었다. 나보다 8살이 많은, 그리고 몇 배는 많고 무거운 실패를 겪어본 사람이었다. 나는 군대생활이 일종의 역할극 같았다. 저마다 너무나도 다른 사람들을 한 곳에 모아두며 너는 선임, 너는 후임이라며 나이에 상관없이 전역한 후에는 허무하게도 사라져버릴 위계를 쥐여주기 때문이다. 나는 그 역할극이 우스웠고 그래서 나는 후임이라도 위계를 강요하지 않았다. 그리고 29살의 후임은 그게 내심 고마웠을 것이다.

식당 앞 흡연공간에서 둘이 식사 이후에 담배를 피우며 종종 담소를 나누었다. 언젠가 그 후임이 내게 한 말이 계속해서 맴돌았다.

"저는 스스로 만든 제 모습에 부합하려 애쓰느라 모든 에너지를 쏟으며 살았습니다. 스스로 좋은 대학, 좋은 직업을 가지는 것이 당연하다고 생각했고, 그러지 않으면 제 자신이 쓸모없는 사람처럼 느껴졌습니다. 그래서 오랫동안 맞지도 않는 사법고시 공부를 붙들고 있었고, 작년에 마지막으로 떨어진 후에 올해 입대를 했습니다. 저는 지금 그림을 그리고 있습니다. 법전을 내려두고 서양미술사 책을 읽고 있습니다. 그리고 요즈음, 살면서 가장 행복합니다. 제 자신으로 살아가고 있기 때문입니다. 거짓 자아로 살면서 동시에 참된 자아를 발전시킬 수 있는 에너지를 가진 사람은 없습니다."

나는 똑똑했지만 무지했다. 무지함이 확신을 가지면 무섭다. 나는 천재이기 때문에 실패는 없어야 했다. 남들이 하는 것은 기본으로 하고 그 이상을 가져야만 했다. 덕분에 나는 가질수록 잃고 있었다.

군 생활 1년이 지나도록 여전히 방황하고 있었지만 후임과의 대화를 통해 점차 스스로를 되돌아보게 되었다. 겉보기에 좋아 보이는 거짓 자아를 벗어던지고 진짜 내가 원하는 것이 무엇인지 곰곰이 생각해보

앗다. 내게는 전공도 정해놓지 않은 해외대학은 필요 없었다. 돈도 인생의 1순위는 아니었다. 나는 하고 싶은 것을 하고 살아야하는 사람이고 내게 그것은 우선은 막연하지만 주식이나 부동산과 같은 것이었다. 주말에 사지방*에서 하루 종일 관련 직업과 자격증을 찾아보았다. 그리고 감정평가사라는 직업을 찾아내었다.

감정평가사는 자산의 가치를 평가하는 직업이다. 사물, 부동산의 가치, 자산 등을 예상하고 평가한다. 정부에서 매년 고시하는 공시지가와 관련한 표준지를 조사 및 평가하고 기업체 등의 의뢰를 받아 자산을 재평가한다. 주로 토지 및 동산에 대한 평가 업무를 수행한다고 한다. 감정평가사는 국가전문자격증으로, 많이 알려지지는 않았지만 흔히 말하는 전문직이었다. 습관처럼 검정고시 고졸도 시험 응시가 가능한지 찾아보았고, 응시자격은 제한이 없었다. 감정평가사에 대해 찾아볼수록 흥미가 생겼다. 다시금 목표가 생겼고 나의 마음은 마치 꽁꽁 얼어있던 잎사귀 위 눈이 녹아내리는 듯했다.

군 생활 남은 1년을 감정평가사 자격시험 준비에 쏟았다. 거짓 자아를 벗어던지니 마음이 한결 편했고, 근무 시간 이외에는 시험에 온전히 집중할 수 있었다. 국비유학을 준비할 때 주식과 게임에 중독되었던 것과는 달리 무언가에 현혹되지도 않았다. 무언가를 참기 어렵다는 것은 그만한 의미가 없기 때문일 것이다. 지금은 달랐다. 후임의 말대로

---

* 사이버지식정보방, 군대 안의 PC방

라면 나는 진짜 자아에 에너지를 쏟고 있다.

전역을 하고 얼마 안 되어 바로 첫 시험을 치렀다. 감정평가사 시험은 1차 객관식 시험과 2차 서술형 시험으로 이루어져 있다. 1차 시험에 합격한 후 2차 시험을 치렀지만 2차 시험에서 떨어졌다. 하지만 더 이상 스스로를 괴롭히지는 않았다. 이제는 슬픔도 어느 정도 소화할 수 있었고, 실패할 때 나 자신을 너그러이 대할 수도 있었다. 조금은 단단해진 것 같았다.

◆

1년 후, 2차 시험 합격 발표 날 나는 예약해둔 식당으로 부모님과 외식을 하러 갔다. 부모님은 내 입에서 나올 말을 묵묵히 기다려주셨다.

"아빠, 엄마, 저 합격했어요!"

엄마는 그 말을 듣자마자 펑펑 우셨고, 아빠는 그런 엄마를 보고 눈물을 훔치셨다. 그리고 나는 그런 부모님을 보고 입술을 깨물고 눈물을 참았다.

"너 이렇게 밝게 웃는 거, 몇 년 만에 보는 것 같다."

아빠가 벌게진 눈으로 나를 쳐다보며 말씀하셨다. 아빠는 나를 빤히 쳐다보며 눈으로 장하다고 말씀해주셨다.

계절이 바뀌는 동안 신나게 놀다가 감정평가사 연수원에 들어갔다. 동기들 중 내가 가장 어렸고 동기들은 대부분 명문대 출신이었다. 나는 합격 커트라인을 한참을 상회함에도 불구하고 고졸, 심지어 검정고시 출신이기 때문에 심심찮게 '이 시험 어려운데 어떻게 붙었냐?'라는 말을 듣곤 했다. 한두 번은 웃어넘겼지만 점차 서러움이 마음속에 자리 잡아 갔고, 이제는 사람들이 건네는 농담에 웃지 않았다. 좋게 좋게 웃어주고 싶었지만 웃음이 도저히 나지 않았다.

연수원에 들어간 지 2주일이 지나고, 저녁시간에 혼자 담배를 피우며 이제는 서른 살이 된 후임에게 오랜만에 전화를 걸었다.

"형, 어떻게 살아? 형도 전역한 지 반년이나 됐네 벌써."

형은 늘 그래왔듯이 감정이 없는 사람처럼 전화를 받았다.

"어, 오랜만이네? 지금쯤이면 시험 붙었겠네."

저녁도 거른 채 한참을 형과 수다를 떨었다. 어리고, 간판이 없다는 이유로 차별받는 것 같다고 서럽다고 하소연하자 형은 말했다.

"그게 너의 정체성이잖아. 바보들의 말에 휘둘리지 마. 천재성은 익숙한 것을 다르게 보는 관점에서 비롯되는 거야. 너는 다른 경험을 했으니…."

솔직히 더 이상 뒷말은 들리지 않았다. 그래, 그게 내 정체성이다. 아웃사이더이자 아웃라이어. 형의 첫마디에 다시금 내가 좋아졌고, 마음이 차올랐다.

인간은 결국 절대적인 결과에 이르지는 못하는 존재이다. 왜냐하면 절대적인 결과는, 삶의 정답은 없기 때문이다. 결국 내가 가는 길은 언제나 정답이 아니다. 하지만 정답이 아닌 것도 아니다. 그렇기 때문에 나의 정체성은 내가 정의하면 된다. 그게 무엇이든 말이다.

부록

1. 청소년지원센터 꿈드림 서비스 소개

꿈드림이란 '꿈=드림(Dream)', '꿈을 드림'('드리다'의 명사형)이라는 중의적인 표현으로 학교 밖 청소년에게 새로운 꿈과 희망을 드리겠다는 의미입니다. 꿈드림은 전국에 220개의 지역 센터가 운영이며, 만 9세에서 24세의 학교 밖 청소년을 대상으로 상담지원, 교육지원, 직업체험 및 직업교육훈련 지원, 자립지원 등 서비스를 제공하고 있으며 다양한 프로그램을 운영하고 있습니다. 상담지원으로는 학업중단 숙려제, 사이버 상담이 있고, 교육지원으로는 검정고시, 복교 및 진학을 지원하고 있습니다. 직업체험 및 직업교육훈련 지원으로는 내일이룸학교, 직업역량강화, 국민취업지원제도 등이 있으며 자립지원으로는 건강검진, 주거지원, 청소년증, 특별지원, 자기계발, 급식을 지원하고 있습니다. 또한 다양한 취미활동과 멘토링 프로그램을 통해 학교 밖 청소년이 멘토 및 또래와 지속적으로 교류하며 여러 어려움을 극복하고, 원하는 진로를 선택할 수 있도록 지지받고 도움을 받을 수 있습니다.

(1) 상담지원: 청소년 심리, 진로, 가족관계, 친구관계 등

- **학업중단 숙려제:** 학업중단 징후 또는 의사를 밝힌 초·중·고 학생 및 학부모에게 Wee센터(Wee클래스), 청소년상담복지센터 등에서 상담을 받으며 학업중단에 대해 숙려하는 기간을 갖도록 하는 제도

- 대상: 학업중단 의사를 밝힌 초·중·고교생, 학업중단 위기에 처해 있다고 학교에서 판단한 초·중·고교생, 무단결석 학생 (무단결석 연속 7일 이상, 누적 30일 이상인 학생), 검정고시를 희망하는 초·중·고교생
- 학업중단 숙려제 운영절차

출처: 꿈드림 홈페이지(www.kdream.or.kr)

- 학업중단 숙려제 상담과정

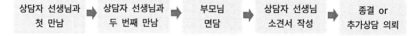

출처: 꿈드림 홈페이지(www.kdream.or.kr)

• **사이버 상담:** 인터넷으로 가족갈등, 교우관계, 학업중단, 가출, 인터넷 중독, 진로 및 학업문제 등을 경험하는 청소년에게 상담 서비스 제공*
  - 채팅상담: 전문상담자와 1:1 실시간 채팅을 통해 상담하는 곳
  - 게시판 상담: 게시판에 고민을 올리면 상담자의 댓글을 받을

----

* 1388청소년사이버상담센터 https://www.cyber1388.kr:447/

수 있으며, 상담자와 게시자만 볼 수 있음
- 댓글상담: 150자 이내의 고민을 게시하면 여러 명의 상담자가
  댓글 작성하며 모든 이용자가 확인 가능함
- 솔로봇 상담: 게임, 애니메이션에 등장하는 캐릭터가 되어서
  가상의 상담자와 고민을 해결함
- 웹심리검사: 대인관계, 진로 및 학업, 성격 및 정서 등 청소년
  과 부모님을 대상으로 하는 다양한 심리검사 제공
- 이음-e: 오프라인 부모교육에 참여하기 힘든 부모들에게 온
  라인 교육 제공

서비스 제공 분야	홈페이지	홈페이지 주소
상담 지원	1388청소년사이버상담센터	https://www.cyber1388.kr:447/
	꿈드림	www.kdream.or.kr

(2) 교육지원

학업동기 강화 및 학업능력 증진 프로그램 진행, 검정고시를 통한
학력취득 지원, 대학 입시 지원, 학업중단 숙려상담, 취학관리 전담기
구 사례 관리, 복교 지원

- **검정고시:** 초등학교, 중학교, 고등학교 졸업 검정고시 지원
- 검정고시 온라인 접수: 나이스 대국민서비스(www.neis.go.kr)

- 응시자 전원 제출 서류: 응시원서(소정서식) 1부, 동일한 사진 2매(탈모 상반신, 3.5×4.5cm), 본인의 해당 최종학력 증명서 1부, 신분증(주민등록증, 외국인등록증, 운전면허증, 대한민국여권, 청소년증, 주민등록번호가 포함된 장애인등록증)
- 합격 기준: 각 과목 100점 만점으로 하여 전 과목 평균 60점 이상 취득(단, 평균이 60점 이상이더라도 결시과목이 있을 경우 불합격)
- 기출문제: 꿈드림 홈페이지(www.kdream.or.kr) → 정보통 → 교육지원 → 검정고시 → 기출문제

• **복교 및 진학**

① 재입학: 이전에 다니던 학교에 학교를 다니던 당시의 학년으로 다시 입학하는 것
  - 시기: 학교장이 교육과정 이수에 지장이 없는 범위 내에서 수시로 허용 가능
  - 신청 방법: 각 해당 학교의 재입학 원서 서식 작성 후 제출
② 편입학: 이전에 다니던 학교에 학교를 다니던 당시 학년의 차상급 학년으로 다시 입학하거나, 다른 학교로 다시 입학하는 것
  - 시기: 자퇴일 혹은 퇴학 당시의 학년도 다음 학년도부터 편입학 가능, 반드시 학년도 시작일부터 자퇴, 퇴학일 이전에 신청(예 : 2013년 4월 14일 자퇴자 → 2014학년도 4월 13일 이전

에 신청)

- 신청 방법: 주민등록등본과 편입학 배정원서(교육청 홈페이지
  에서 다운로드)를 해당 교육청 편입학업무 담당자에게 송부
  → 편입학 배정

③ 대안학교: 정규교육의 문제점을 보완하고 학습자 중심의 자율
  적인 프로그램을 운영하도록 만들어진 대안적인 교육을 실천
  하는 학교(특성화 중·고등학교, 위탁형 대안학교, 도시형 대안학교)

④ 대학진학: 청소년생활기록부(학교생활기록부 대체 서류), 대학입시
  관련 상담 지원(한국대학교육협의회, 한국전문대학교육협의회)

2021년 6월 기준 청소년생활기록부 응시가능 대학

번호	대학	주소	연락처	홈페이지 주소
1	서울과학기술대학교	서울특별시 노원구 공릉로 232 입학관리본부	02-970-6018~3	https://www.seoultech.ac.kr/
2	국립강릉원주대학교	강원도 강릉시 죽헌길 7	033-640-2745	https://www.gwnu.ac.kr/
3	서울대학교	서울특별시 관악구 관악로 1, 서울대학교 입학본부 150동 401호	02-880-5114	https://www.snu.ac.kr/
4	한림대학교	강원도 춘천시 한림대학길 대학본부1층 입학상담센터	033-248-1302 ~1316, 1318	https://www.hallym.ac.kr/
5	차의과학대학교	경기도 포천시 해룡로 120	1899-2010	https://www.cha.ac.kr/
6	한경대학교	경기도 안성시 중앙로 327(석정로) 입학관리팀	031-670-5042	https://www.hknu.ac.kr/

출처: 꿈드림 홈페이지(www.kdream.or.kr)

⑤ 방송통신 중·고등학교

서비스 제공 분야	홈페이지	홈페이지 주소
교육지원	나이스 대국민서비스	www.neis.go.kr
	고입정보 포털	http://www.hischool.go.kr
	한국장학재단	http://www.kosaf.go.kr
	대입정보포털	http://adiga.kr/
	한국전문대학교육협의회	https://kcce.or.kr/
	한국대학교육협의회	http://www.kcue.or.kr
	진로진학정보 센터	http://www.jinhak.or.kr
	진학사 <입시정보>	http://www.jinhak.com
	커리어넷	http://www.career.go.kr
	한국직업정보시스템	http://know.work.go.kr
	하자센터	http://www.haja.net

번호	학교 명	연락처	홈페이지 주소
1	방송통신중학교	1544-1294	https://www.cyber.ms.kr
2	방송통신고등학교		http://www.cyber.hs.kr

(3) 직업체험 및 직업교육훈련 지원

직업탐색, 체험 프로그램 제공, 직업역량강화 프로그램 제공, 취업훈련 연계지원

- **내일이룸학교:** 전국 12개 직업훈련기관에서 약 3~10개월 동안 다양한 분야의 기술을 배워 청소년의 성공적인 사회진출 및 자립을 지원함(참여문의: 한국생산성본부 내일이룸학교 02-398-7640)
  - 지원내용: 훈련생 자립장려금 지급(출석률에 따라 월 30만 원

내), 기숙사 교통비 및 중식비(기숙사 미제공시 월 최대 16만 원), 특화 프로그램으로 검정고시 및 자격증 취득 지원, 직업훈련교육 수료 후 취업처 알선 및 취업 정보 제공*

- 신청 방법: 참여를 희망하는 훈련 기관에 직접 신청, 정부24(www.gov.kr) 온라인 신청
- 프로그램 과정

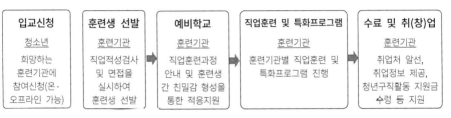

출처: 꿈드림 홈페이지(www.kdream.or.kr)

2022년도 내일이룸학교 훈련기관 현황표

번호	지역	훈련기관	훈련과정	연락처	홈페이지 주소
1	서울	한국능력개발 직업전문학교	디지털 영상 크리에이터 실무과정	02-2632-3070	https://www.khrd.org
2		서울현대 교육재단	플라워&플랜테리어 취업실무과정 (화훼장식 행사기획자& 그린인테리어)	02-2671-5244	https://hyundaiedu.kr
3			K-푸드테크 전문가		

* 내일이룸학교, www.myjobdream.or.kr

번호	지역	훈련기관	훈련과정	연락처	홈페이지 주소
			(푸드스타트업) 취업실무과정		
4		아세아항공직업 전문학교	산업계 의료기술전문가 양성/취업과정	02-717-8917	http://www.asea.ac.kr/
5	부산	부산시학교 밖 청소년지원센터	F&B산업 전문인력 양성/취업과정	051-714-7236	http://www.cando.or.kr/
6		HS평생교육원	반려동물전문가 (애견미용사& 펫헬퍼) 양성과정	032-888-7585	http://www.hs8887585.com/
7	인천	인천실용 전문학교	네일자격증 및 취업실무과정	032-506-1900	http://www.ivti.co.kr/
8		인천직업 전문학교	3D프린터 취업실무과정	032-772-1199	http://www.iti1998.com/
9	광주	한국능력개발원 호남직업 전문학교	한식조리기능사 취득 및 마스터쉐프 양성과정	062-605-8021	http://www.honam.or.kr/
10	대전	한밭대학교 산학협력단	로봇코딩 교육 지도사 양성과정	042-939-4818	https://iucf.hanbat.ac.kr/
11	경기	한주요리제과 커피직업 전문학교	카페바리스타 & 제과기능사	032-322-5250	https://www.hanjooschool.com/
12	충남	동천안희망 직업전문학교	헤어미용사 자격증 및 실무과정	041-557-0064	http://dongcheonan.com/
13	경북	영천제일 직업전문학교	웹 편집 디자이너 양성과정	054-331-0862	https://youngchunjeil.modoo.at/
14	충북	해피애견 미용학원	반려견 스타일리스트	043-903-3389	http://해피애견미용학원.com

출처: 꿈드림 홈페이지(www.kdream.or.kr)

- **직업역량강화:** 취업연계 이전에 직업선택과 관련하여 기초기술 습득 및 직업체험 기회를 제공함으로써 자립 동기를 강화하고 취업의지를 고취시킴
    - 운영기관: 전국 16개 시·도 학교밖청소년지원센터(세종 제외)
    - 참여문의: 운영기관 및 한국청소년상담복지개발원 (https://www.kyci.or.kr)

- **국민취업지원제도:** 취업취약계층을 대상으로 취업지원서비스와 생계지원을 함께 제공하는 제도로 기존 취업성공패키지 및 청년 구직활동지원금을 '국민취업지원제도'에 통합하여 종합적인 취업 지원제도로서 운영됨
    - 홈페이지 주소: https://www.kua.go.kr
    - 참여신청: 고용노동부 홈페이지에 있는 신청서 작성 후 거 주지 관할 고용센터(취업지원과)에 직접제출 혹은 우편 또는 온라인으로 신청 가능

- **아르바이트:** 근로기준법에 따라 청소년 근로자 보호하며, 청소년 아르바이트 10계명과 자주 묻는 질문에 대한 응답 확인 가능
    - 만 15세 이상의 청소년: 원칙적으로 가족관계증명서와 친 권자(또는 후견인)동의서 제출 후 아르바이트, 시간제 근로 가능

- 15세 미만인 청소년, 18세 미만이더라도 중학교에 재학 중인 청소년은 근로자로 일할 수 없으나, 학교 밖 청소년은 학교에 다니지 않기 때문에 15세 이상이면 근로 가능
- 15세 미만 청소년이 근로를 원할 시: 취직 인허증 발급 후 취직 가능

서비스 제공 분야	홈페이지	홈페이지 주소
직업체험 및 직업교육훈련 지원	내일이룸학교	www.myjobdream.or.kr
	고용노동부 e-고객센터	http://minwon.moel.go.kr
	일하는1318알자알자	http://minwon.moel.go.kr
	한국생산성본부	www.kpc.or.kr
	국민취업지원제도	https://www.kua.go.kr

(4) 자립지원

자기계발 프로그램 지원, 청소년 근로권익 보호, 경제적으로 어려운 학교 밖 청소년 지원, 기초 소양 교육 제공

- **건강검진:** 10대 특성에 맞춘 건강검진 서비스(본인부담 없음), 건강생활 관리 지원, 체력관리 지원
  - 검진대상: 9세 이상 18세 이하 학교 밖 청소년
  - 구비서류: 본인임을 증명할 수 있는 서류 1부(청소년증, 여권, 주민등록증, 주민등록초본), 학교 밖 청소년임을 증명할 수 있는 서류 1부(제적증명서, 미진학사실확인서, 정원외관리증명서,

검정고시 수험표 등), 개인정보수집이용동의서 1부

- 구비서류 발급 방법: 시·군·구청, 행정복지센터, 시·도 교육청, 인근 학교 행정실, 정부24에서 발급 가능
- 검진기관: 국민건강보험공단 건강iN 시스템 (https://www.nhis.or.kr/)을 통해 확인
- 문의기관: 지역별 학교밖청소년지원센터, 꿈드림 홈페이지, 청소년 전화(유선: 1388, 핸드폰: 지역번호+1388)

• **주거지원:** 청소년 쉼터, 자립지원시설, 복지서비스 제공

① 청소년쉼터: 가출 청소년의 비행 예방 및 가정복귀를 위한 일시보호활동, 상담프로그램, 이송, 조사연구 활동 실시
- 지역별 쉼터 확인하기: 한국청소년상담복지개발원 (https://www.kyci.or.kr) → 지역 센터 → 청소년쉼터

② 자립지원시설: 숙식제공, 직업훈련, 복학주선 및 학비지원과 사회복귀 프로그램 운영
- 보호기간: 입소 후 3년 동안 보호 가능, 특별한 사유가 있을 경우 시설장(시·군·구청장)의 승인으로 1년씩 2회 연장 가능
- 지역별 자립지원관 확인하기: 한국청소년상담복지개발원 → 지역 센터 → 청소년자립지원관

번호	기관명	주소	연락처
1	관악들꽃청소년자립지원관	서울 관악구 난우 16길 17	02-851-1924
2	서울시립청소년자립지원관	서울특별시 도봉구 시루봉로15길 93	02-6959-5012
3	부산시청소년자립지원관	부산 사상구 모덕로82 부산광역시청소년종합지원센터 2층 211호	051-303-9671
4	대구청소년자립지원관	대구광역시 남구 자유6길 45-1	053-657-1924
5	인천청소년자립지원관 별바라기	부평구 마장로 367번길 40(산곡동7-42)	032-875-1319
6	인천청소년자립지원관 행복자리	인천광역시 남동구 문화로 169번길 40-17	032-467-1398
7	경기남부청소년자립지원관	경기도 군포시 군포로 789 온누리청소년센터 4층	031-360-1824
8	경기북부청소년자립지원관 십대지기	경기도 의정부시 비우로 12 기독청소년비전센터	031-928-1316
9	성남시청소년자립지원관	경기도 성남시 수정구 위례서일로 12 우남이타워프라자 8층	031-723-7945
10	천안청소년자립지원관	충남 천안시 서북구 개목5길 34	041-578-1380

출처: 꿈드림 홈페이지(www.kdream.or.kr)

③ 긴급복지지원-주거지원: 갑작스러운 위기상황으로 생계유지가 곤란한 저소득층에게 생계·의료·주거지원 등 필요한 복지서비스를 신속하게 지원하여 위기상황에서 벗어날 수 있도록 돕는 제도

− 신청 방법: 시·군·구청 및 보건복지콜센터 129에 긴급지원 요청

− 지원 안내: 보건복지부 홈페이지(http://www.mohw.go.kr) → 정책 → 복지 → 기초생활보장

- **청소년증:** 만 9세 이상 18세 이하의 청소년들에게 기초자치단체 장이 발급하는 청소년임을 증명하는 신분증
  - 신청 방법: 가까운 시·군·구청과 읍·면·동 주민자치센터에서 신청
  - 구비서류: 청소년증 발급신청서 1부, 신청인 사진 1매(대리인 별도 서류 제출 필요)
  - 발급절차: 한국조폐공사 홈페이지(www.komsco.com)에서 발급절차 및 실시간 조회 가능

- **특별지원:** 사회적·경제적 지원이 필요한 청소년 중 다른 제도 및 법에 의한 지원을 받지 못하는 만 9세~18세 이하 청소년에게 생활, 학업, 자립 등 지원
  - 중위소득 65% 이하: 생활, 건강지원
  - 중위소득 72% 이하: 학업, 자립, 상담, 법률, 활동, 기타 지원

- **자기계발:** 문화·예술, 신체단련, 봉사활동, 환경보존, 과학정보, 언어 분야의 다양한 자기계발 프로그램을 통해 자신이 가진 재능이나 잠재력을 발견하여 발전시킬 수 있도록 지원함

- **급식지원:** 센터에 방문하거나 집합 프로그램 참여 시 급식의 형태로 센터 여건에 맞게 결식예방 및 영양개선에 대한 지원 제공함

- 도시락, 인근 식당, 직접 조리, 즉석식품, 모바일쿠폰 등 제공
- 지원문의: 지역별 꿈드림센터 홈페이지

서비스 제공 분야	홈페이지	홈페이지 주소
자립지원	국민건강보험공단 건강iN 시스템	https://www.nhis.or.kr/
	한국청소년상담복지개발원	https://www.kyci.or.kr
	보건복지부 홈페이지	http://www.mohw.go.kr

(5) 기타 사이트

서비스 제공 분야	홈페이지	홈페이지 주소
상담 지원	1388청소년사이버상담센터	https://www.cyber1388.kr:447/
	꿈드림	www.kdream.or.kr
교육지원	나이스 대국민서비스	www.neis.go.kr
	고입정보포털	http://www.hischool.go.kr
	한국장학재단	\http://www.kosaf.go.kr
	대입정보포털	http://adiga.kr/
	한국전문대학교육협의회	https://kcce.or.kr/
	한국대학교육협의회	http://www.kcue.or.kr
	진로진학정보센터	http://www.jinhak.or.kr
	진학사 <입시정보>	http://www.jinhak.com
	커리어넷	http://www.career.go.kr
	한국직업정보시스템	http://know.work.go.kr
	하자센터	http://www.haja.net
직업체험 및 직업교육훈련 지원	내일이룸학교	www.myjobdream.or.kr
	고용노동부 e-고객센터	http://minwon.moel.go.kr
	일하는1318알자알자	http://minwon.moel.go.kr

서비스 제공 분야	홈페이지	홈페이지 주소
자립지원	한국생산성본부	www.kpc.or.kr
	국민취업지원제도	https://www.kua.go.kr
	국민건강보험공단 건강iN 시스템	https://www.nhis.or.kr/
	한국청소년상담복지개발원	https://www.kyci.or.kr
	보건복지부 홈페이지	http://www.mohw.go.kr
가출 시 도움 받을 수 있는 곳	한국청소년쉼터협의회	http://www.jikimi.or.kr
청소년 활동 관련 정보	한국청소년활동진흥원	http://www.kywa.or.kr

2. 학교 밖 청소년 권리지킴

(1) 권리 침해 가이드

• 권리침해 대응 가이드라인

청소년증, 청소년할인, 참가자격 제한, 노동권, 편견, 차별신고 등 권리침해를 당했을 경우, 어떻게 대응할 수 있는지 관련 근거 및 정보 제공

    − 꿈드림 홈페이지 → 학교 밖 청소년 권리지킴 → 권리침해 가이드 → 권리침해 대응 가이드 라인

구분	권리침해 대응 가이드라인
청소년증	학생증이 없어도 나이를 증명할 수 있나요? • 청소년증은 주민등록번호가 있어 나이를 증명할 수 있어요 • 충전하면 교통카드, 편의점에서 사용 가능해요
청소년 할인	청소년증을 보여줘도 할인이 안 돼요 • 청소년 우대제도에 따라 대중교통 수단, 문화시설에서 할인을 받을 수 있어요 • 관련 근거와 청소년증을 해당 업체에 보여주세요
참가자격 제한	학생이 아니라서 참가할 수 없어요 • 각종 공모전과 대회에서 합리적인 이유 없이 참가자격을 학생으로 제한하는 것은 차별에 해당하므로 누구나 참가할 수 있어요 • 관련 근거를 주요관계자에게 보여주세요

구분	권리침해 대응 가이드라인
노동권	알바하면서 노동권을 침해당했어요
	• 근로계약서 미작성, 최저임금 미지급, 임금체불, 갑작스러운 해고, 폭언 및 폭행 등은 법으로 보호받을 수 있어요 • 지금 바로 연락 주세요 : 청소년 모바일 문자 상담 #1388, 청소년근로보호센터 1600-1729, 청소년근로권익센터 1644-3119
편견	편견, 상처 주는 말 때문에 힘들어요
	• 혼자 힘들어하지 말고 꿈드림과 함께 합리적인 대처방법을 찾아보아요 • 구체적인 대처방법과 상담기관을 확인하세요 : 1388 청소년 전화, 청소년사이버상담(www.cyber1388.kr), 꿈드림센터, 청소년상담복지센터
차별신고	제도적 차별을 신고하고 싶어요
	• 학교 밖 청소년 권리침해 신고방 또는 국가인권위원회에 진정을 접수할 수 있어요 • 차별을 당한 사람, 이를 아는 사람이면 누구나 신고 가능해요

출처: 꿈드림 홈페이지(www.kdream.or.kr)

• **권리지킴 가이드북**

: 학교 밖 청소년도 차별과 편견 없는 사회에서 똑같은 권리를 누리기 위해 지켜져야 할 가이드라인 제공

– 꿈드림 홈페이지 → 학교 밖 청소년 권리지킴 → 권리침해 가이드 → 권리지킴 가이드북

(2) 권리침해 신고방

학교 밖 청소년이라는 이유로 불이익을 당하거나 권리를 침해당했을 경우, '권리침해 신고방'에 신고 가능

- **권리침해 신고절차**

  : 꿈드림 홈페이지 → '학교 밖 청소년 권리지킴' → '권리침해 신고방' → '권리침해신고' → 개인정보 수집 동의 → 연락처와 비밀번호 기입 → '권리침해 신고서 제출하기' → 〈권리침해 신고 2〉의 필수입력사항 입력 → '제출' → 권리침해 신고 완료

- **권리침해 신고예시**

제목	00구 미술관에서 청소년증은 학생할인이 불가하다고 합니다.
신고자	학교 밖 청소년(본인)
침해유형	제도
침해내용	00구 미술관이 학생할인을 받으면 기본 요금에서 4,000원이 할인된다고 확인하고 입장권을 사러 갔습니다. 그런데 입장권을 사려고 하니 학생증이 아니라며 할인해줄 수 없다고 했습니다. 청소년증을 보여주면 학생할인을 받아 입장권을 구매할 때 할인을 받을 수 있다고 말했는데도 거절당했습니다. 학생이 아닌 청소년은 할인받을 수 없다며 거절한 00구 미술관을 신고합니다.
신고대상 기관명	00구 미술관

권리침해 신고 1

권리침해신고

☐ 수집하는 개인정보 항목

» 가. 수집정보 : 핸드폰번호

» 나. 수집목적 : 핸드폰 번호를 입력하지 않을 경우 '나의 신고내역'을 확인할 수 없고 신고결과에 대한 답변을 확인할 수 없습니다.
따라서 고객의 등록물에 대한 조회의 신뢰성 강화에 활용되고, 사후 메일 정보 제공을 위하여 이메일 주소를 저장합니다. 만약 비 동의
시 신고방을 사용할 수 없습니다.

| | 학교 밖 청소년 권리침해 신고방 작성을 위해 필요한 개인정보 수집에 동의 합니다. <u>자세히 보기</u>

*필수입력사항입니다.

| *연락처 | - - |
| *비밀번호 | ※ 나의 신고내역 확인 및 수정 시 필요하므로 이메일과 비밀번호는 반드시 기억하셔야 합니다. |

권리침해 신고서 제출하기

출처 : 꿈드림 홈페이지(www.kdream.or.kr)

권리침해 신고 2

권리침해신고

※ 이 곳은 학교 밖 청소년 권리침해 사례를 신고하는 곳입니다.

■ 침해정보

*필수입력사항입니다.

* 제목	
	비방, 욕설 등의 불량단어 입력 시 민원이 접수되지 않으오니 유의하시기 바랍니다!

* 신고자

학교 밖 청소년(본인)	그 밖의 청소년	학교 밖 청소년의 가족	청소년관련 기관	기타

기타 |

* 침해유형

공모전	각종대회	문화행사	근로	복지서비스	제도	기타

기타 |

* 침해내용

내용을 입력하세요.

* 신고대상 기관명

■ 증빙정보

신고내용을 확인할 수 있는 홈페이지 주소나 공고문, 사진(포스터, 현수막 등)을 등록해주세요.

홈페이지 URL

첨부파일을 첨부하시려면 아래 메뉴 [추가+]버튼을 클릭해 주세요!

파일	첨부
파일 선택 선택된 파일 없음	+ 첨부

임시저장 제출 작성취소

출처: 꿈드림 홈페이지(www.kdream.or.kr)

173

3. 지역별 꿈드림 찾기

거주하고 있는 지역별 꿈드림 센터를 검색하면 지역, 꿈드림명, 주소, 전화번호를 확인할 수 있습니다. 또한 지역 센터를 찾는다면 바로 홈페이지 주소 확인이 가능하기 때문에 거주 중인 지역의 꿈드림에서 운영 중인 프로그램을 쉽게 확인할 수 있습니다.

(1) 지역별 꿈드림 찾기

① 꿈드림 홈페이지(www.kdream.or.kr) 하단 → '지역 센터 바로 가기'

② 꿈드림 홈페이지 → '참여하기' → '지역 꿈드림 찾기'

지역별 꿈드림 찾기

출처: 꿈드림 홈페이지(www.kdream.or.kr)

청소년지원센터 꿈드림 홈페이지

출처: 꿈드림 홈페이지(www.kdream.or.kr)r)

(2) 지역별 꿈드림 주소 및 연락처

번호	기관명	주소	연락처
1	용산구청소년지원센터 꿈드림	서울특별시 용산구 백범로329 용산꿈나무종합타운 4층	02-3273-5825
2	중랑구청소년지원센터 꿈드림	서울특별시 중랑구 용마산로 217 중랑청소년수련관 3층	02-490-0412/ 0413
3	강북구청소년지원센터 꿈드림	서울 강북구 4.19로 74 강북청소년수련관 3층	02-6715-6665
4	도봉구청소년지원센터 꿈드림	서울특별시 도봉구 노해로69길 132 문화체육센터 1층 도봉구청소년상담복지센터	02-6956-4505
5	서울특별시 청소년지원센터 꿈드림	서울 특별시 중구 수표동 35-14	02-2285-1318
6	노원구청소년지원센터 꿈드림	서울특별시 노원구 수락산로 212-19, 3층	02-930-1388
7	광진구청소년지원센터 꿈드림	서울시 광진구 아차산로 24길 17 자양공공힐링센터 3층	02-2205-2300
8	은평구청소년지원센터 꿈드림	서울시 은평구 백련산로 4길 16 은평청소년수련관 1층	02-382-5966
9	성북구청소년지원센터 꿈드림	서울특별시 성북구 동소문로26다길 8-2	02-3292-1785
10	동대문구 청소년지원센터 꿈드림	서울특별시 동대문구 천호대로 2길 23-9 신설동복지지원센터 3층	02-2237-1318
11	서울중구청소년지원센터 꿈드림	서울특별시 중구 동호로5길 19 중구청소년수련관 내 2층 청소년지원센터	02-2250-0543~4
12	성동구청소년지원센터 꿈드림	서울시 성동구 행당로6길 24-15 성동구청소년상담복지센터	02-2296-1318
13	종로구청소년지원센터 꿈드림	서울특별시 종로구 명륜길 90, 4층	02-742-1318
14	서대문구청소년지원센터 꿈드림	서울시 서대문구 증가로30길 45-9(북가좌동 337-15) 3,4층	02-3141-1388
15	마포구청소년지원센터 꿈드림	서울 마포구 희우정로 77 상가동 마포구청소년상담복지센터	02-6376-9900
16	강서구청소년지원센터 꿈드림	서울특별시 강서구 공항대로42길 23-19 강서청소년회관 3층 강서구청소년지원센터 꿈드림	070-4289-1325~6
17	구로구청소년지원센터 꿈드림	서울시 구로구 오리로 1115	02-863-1318
18	금천구청소년지원센터 꿈드림	서울특별시 금천구 금하로 30길 54 서울시립금천청소년센터 2층	02-803-1873
19	영등포구청소년지원센터 꿈드림	서울 영등포구 도영로22길 36, 해광빌딩 2층	02-2637-1318

번호	기관명	주소	연락처
20	동작구청소년지원센터 꿈드림	서울 동작구 여의대방로 20길 61 보라매청소년센터 슬기동 2층 동작구청소년지원센터 꿈드림	02-834-1358
21	관악구청소년지원센터 꿈드림	서울시 관악구 남부순환로 234길 73, 싱글벙글교육센터 벙글동 4층	02-877-9400
22	서초구청소년지원센터 꿈드림	서울시 서초구 방배로5길 11, 2층 서초구청소년상담복지센터	02-525-9128 (702~704)
23	강남구청소년지원센터 꿈드림	서울특별시 강남구 광평로 144 수서청소년수련관 2층 강남구청소년지원센터 꿈드림	02-2226-8555
24	송파구청소년지원센터 꿈드림	서울시 송파구 송파대로14길 7. 송파구청소년지원센터 꿈드림 2층	02-3402-1318
25	강동구청소년지원센터 꿈드림	서울특별시 강동구 아리수로 93길 47	02-6252-1329
26	양천구청소년지원센터 꿈드림	서울특별시 양천구 남부순환로83길 53, 신월6동행정복합타운 2층 양천구 학교박청소년지원센터	02-2645-1318
27	부산 동구청소년지원센터 꿈드림	부산광역시 동구 범곡로 9, 비전센터 3층	051-632-1388
28	부산 중구청소년지원센터 꿈드림	부산광역시 중구 남포길 39-2, 3층	051-245-1388
29	부산 강서구청소년지원센터 꿈드림	부산광역시 강서구 대저로63번길 31, 강서구종합사회복지관(2층 강서구청소년지원센터)	051-972-4595
30	부산광역시 청소년지원센터 꿈드림	부산광역시 부산진구 서전로 43	051-304-1318
31	금정구 청소년지원센터 꿈드림	부산광역시 금정구 기찰로 96번길 47 3층	051-714-2079
32	기장군 청소년지원센터 꿈드림	부산광역시 기장군 기장읍 차성서로 86 대라다목적도서관 4층	051-792-4926
33	부산 남구 청소년지원센터 꿈드림	부산광역시 남구 유엔평화로 24, 5층 남구청소년상담복지센터	051-621-4831
34	동래구 청소년지원센터 꿈드림	부산시 동래구 중앙대로 1523 SK허브스카이 A3동 05,06호	051-555-1389
35	부산 진구 청소년지원센터 꿈드림	부산광역시 부산진구 동평로 405번길 85(양정청소년수련관), 2층 부산진구청소년상담복지센터	051-868-0905
36	부산 북구 청소년지원센터 꿈드림	부산광역시 북구 덕천로3 (구포1동 610-1번지)	051-334-3003
37	사상구 청소년지원센터 꿈드림	부산광역시 사상구 덕상로 129 사상구청소년수련관 3층	051-316-2214
38	사하구 청소년지원센터 꿈드림	부산광역시 사하구 대티로59, 대티까치어울림플랫폼 3층 꿈드림	051-207-7142
39	부산 서구 청소년지원센터 꿈드림	부산광역시 서구 구덕로 147, 2층	051-253-2525

번호	기관명	주소	연락처
40	수영구 청소년지원센터 꿈드림	부산광역시 수영구 수영로521번길 77, 청소년문화의집 3층	051-759-8422
41	연제구 청소년지원센터 꿈드림	부산광역시 연제구 월드컵대로243번길 19 5층 연제구청소년상담복지센터 내 연제구 꿈드림(동원타워상가23동 503호)	051-506-1385
42	영도구 청소년지원센터 꿈드림	부산광역시 영도구 절영로 321(함지골청소년수련관 내 1층)	051-405-5224
43	해운대구 청소년지원센터 꿈드림	부산광역시 해운대구 재반로 151-21 해운대청소년수련관 4층	051-715-1377
44	대구광역시 청소년지원센터 꿈드림	대구광역시 서구 서대구로 41길 10, 4층 대구광역시 학교밖청소년지원센터 꿈드림	053-431-1388
45	대구 중구 청소년지원센터 꿈드림	대구광역시 중구 국채보상로 541번지 대구YMCA100주년기념청소년회관 8층	053-422-2121
46	대구 동구 청소년지원센터 꿈드림	대구광역시 동구 동촌로 16길 20, 2층	053-963-9400
47	대구 서구 청소년지원센터 꿈드림	대구광역시 서구 서대구로222, 3~4층	053-216-8310
48	대구 남구 청소년지원센터 꿈드림	대구시 남구 현충로 64, 3층	053-652-8219
49	대구 북구 청소년지원센터 꿈드림	대구광역시 북구 검단로 71-17 (산격동) 207호	053-384-6985
50	수성구 청소년지원센터 꿈드림	대구광역시 수성구 달구벌대로 2451 (범어동,5층)	053-666-4205
51	달서구 청소년지원센터 꿈드림	대구광역시 달서구 계대동문로 11길 33	053-592-1378
52	달성군 청소년지원센터 꿈드림	대구광역시 달성군 논공읍 논공로 252	053-614-1389
53	인천광역시 청소년지원센터 꿈드림	인천광역시 동구 박문로 1(송림동 103-29) 가톨릭청소년센터 1층	032-721-2327~31
54	계양구 청소년지원센터 꿈드림	인천광역시 계양구 장제로 937, 4층 (방축동, 계양구청소년수련관)	032-547-0853 010-4670-0853
55	미추홀구 청소년지원센터 꿈드림	인천시 미추홀구 주안로 82 청소년미디어센터 2층	032-728-6845
56	인천 동구 청소년지원센터 꿈드림	인천 동구 솔빛로 82 동구청소년수련관 3층 동구청소년지원센터(동구 꿈드림)	032-777-1383
57	남동구 청소년지원센터 꿈드림	천광역시 소래로 645 남동구평생학습관 2층	032-471-1318
58	연수구 청소년지원센터 꿈드림	인천광역시 연수구 비류대로 429 4층	032-822-9840/9844
59	인천 중구 청소년지원센터 꿈드림	인천광역시 중구 참외전로 72번길 25 동인천동행정복지센터3층	032-765-1008~9
60	인천 서구 청소년지원센터 꿈드림	인천광역시 서구 원적로 7번길 12	032-584-1387

번호	기관명	주소	연락처
61	부평구 청소년지원센터 꿈드림	인천광역시 부평구 부평문화로 37번길 1 (부평동 70-126) 부평1동 행정복지센터 3층	032-509-8918, 8919, 3989
62	광주광역시 청소년지원센터 꿈드림	광주광역시 서구 학생독립로 37 우측건물 2층	062-376-1324
63	광주 동구 청소년지원센터 꿈드림	광주광역시 동구 지원로34(소태동) 1층	062-673-1318
64	광주 서구 청소년지원센터 꿈드림	광주광역시 서구 금화로 278, 국민생활관 213~215호	062-710-1388
65	광주 남구 청소년지원센터 꿈드림	광주광역시 남구 서문대로 693번지	062-716-1324
66	광주 북구 청소년지원센터 꿈드림	광주광역시 북구 대천로 86(문흥동) 북구청소년수련관 1층	062-268-1318
67	광산구 청소년지원센터 꿈드림	광주광역시 광산구 무진대로 246-7, 2층 (우산동 행정복지센터 맞은편)	062-951-1378
68	대전광역시 청소년지원센터 꿈드림	대전광역시 동구 대전천동로 508(6F)	042-222-1388
69	대전 서구 청소년지원센터 꿈드림	대전광역시 서구 도솔로 72 3층	042-527-1388
70	유성구 청소년지원센터 꿈드림	대전광역시 유성구 유성대로 798-1, 2층 (장대동)	010-3280-138
71	울산광역시 청소년지원센터 꿈드림	울산광역시 중구 강북로 105 롯데캐슬스카이 2층	052-227-2000
72	울산 남구 청소년지원센터 꿈드림	울산광역시 남구 돋질로 106 (달동, 3층)	052-291-1388
73	울산 동구 청소년지원센터 꿈드림	울산광역시 동구 남목9길 13(서부동) 남목청소년문화의집4층	052-233-5279
74	울주군 청소년지원센터 꿈드림	울산 울주군 온산읍 덕남로 5, 4층	052-229-9635
75	울산 북구 청소년지원센터 꿈드림	울산광역시 북구 제내1길 6 나운빌딩 4층	052-281-0924
76	경기도 청소년지원센터 꿈드림	경기도 수원시 영통구 광교로 156, 광교비즈니스센터 105호	031-253-1519
77	고양시 청소년지원센터 꿈드림	경기도 고양시 덕양구 중앙로 633번길 25 토당청소년수련관 2층	031-995-4271~6, 4278
78	가평군 청소년지원센터 꿈드림	경기 가평군 청평면 은고개로 39 청평호반체육센터 1층	031-582-2000
79	과천시 청소년지원센터 꿈드림	경기도 과천시 참마을로9(문원동199) 청소년수련관 1층	02-502-1318
80	광명시 청소년지원센터 꿈드림	경기도 광명시 디지털로34, 노둣돌 3층	02-6677-1318
81	광주시 청소년지원센터 꿈드림	경기도 광주시 회안대로 350-17 광주시청소년수련관 4층 광주시청소년지원센터 꿈드림	031-762-1318

번호	기관명	주소	연락처
82	구리시 청소년지원센터 꿈드림	경기도 구리시 안골로 32-1 1층 구리시청소년지원센터	031-565-1388
83	군포시 청소년지원센터 꿈드림	경기도 군포시 수리산로 112, 슬기관 2층 꿈드림	031-399-1366
84	김포시 청소년지원센터 꿈드림	경기도 김포시 걸포로 76, 김포중봉청소년수련관 2층	031-980-1691~6
85	남양주시 청소년지원센터 꿈드림	경기도 남양주시 다산지금로 51-47(이패동 715-12번지) 남양주청소년수련관 2층	031-590-3951
86	동두천시 청소년지원센터 꿈드림	기도 동두천시 지행로95 동두천시청소년수련관3층	031-865-2000
87	부천시 청소년지원센터 꿈드림	부천시 소사구 경인로 92번길 33 송내어울마당 5층	032-325-3002
88	성남시 청소년지원센터 꿈드림	경기도 성남시 중원구 성남대로997번길 7 4층 꿈드림	031-729-9171~8
89	수원시 청소년지원센터 꿈드림	경기도 수원시 팔달구 권광로 293(수원청소년문화센터), 본관 지하1층	031-236-1317
90	시흥시 청소년지원센터 꿈드림	경기도 시흥시 은행로 179 시흥시청소년수련관 별관 1층(대야동 571-2)	031-404-1318
91	안산시 청소년지원센터 꿈드림	경기도 안산시 단원구 원초로 76 초지종합사회복지관 4층	031-414-1318
92	안성시 청소년지원센터 꿈드림	경기도 안성시 공도읍 승두길46	031-647-6151
93	안양시 청소년지원센터 꿈드림	경기도 안양시 만안구 안양로 263번길 31(안양동)	031-8045-5012
94	양주시 청소년지원센터 꿈드림	경기도 양주시 고읍남로 205 (광사동) 양주청소년 문화의집 3층	031-858-1318
95	양평군 청소년지원센터 꿈드림	경기도 양평군 용문면 다문북길 59-7 "와락"	031-775-1317
96	여주시 청소년지원센터 꿈드림	경기도 여주시 청심로88, 3층(구 산림조합)	031-886-0542
97	오산시 청소년지원센터 꿈드림	경기도 오산시 오산로 278번길 3 (오산2층)	070-7865-5737,1430, 5741
98	용인시 청소년지원센터 꿈드림	경기도 용인시 처인구 중부대로 1161번길 69-2	031-328-9840
99	의왕시 청소년지원센터 꿈드림	경기도 의왕시 안양판교로 82, 포일어울림센터 2층	031-347-1334
100	의정부시 청소년지원센터 꿈드림	경기 의정부시 둔야로9, 5층	031-872-1388(3)
101	이천시 청소년지원센터 꿈드림	경기도 이천시 영창로 260 서희청소년문화센터 3층	031-634-2777
102	파주시 청소년지원센터 꿈드림	경기도 파주시 금릉역로 85 금릉역사 2층 파주시청소년지원센터 꿈드림	031-540-5340

번호	기관명	주소	연락처
103	평택시 청소년지원센터 꿈드림	경기도 평택시 평남로 616, 청소년문화센터 2층	070-4159-5482~6
104	포천시 청소년지원센터 꿈드림	경기도 포천시 호국로523번길 59-56 포천시청소년교육문화센터 2층 포천시학교밖청소년지원센터	031-538-3398
105	하남시 청소년지원센터 꿈드림	경기도 하남시 조정대로 111, 하남시청소년수련관 2층 하남시청소년지원센터 꿈드림	031-760-5860
106	화성시 청소년지원센터 꿈드림	경기도 화성시 봉담읍 효행로 212 2층	031-278-0179
107	삼척시 청소년지원센터 꿈드림	강원도 삼척시 엑스포로50-1, 3층	070-4156-4103
108	태백시 청소년지원센터 꿈드림	강원도 태백시 태백로 1663	033-582-1389
109	강원도 청소년지원센터 꿈드림	강원도 춘천시 중앙로 14 1층	033-257-9805
110	속초시 청소년지원센터 꿈드림	강원도 속초시 관광로 363번길 14(속초시청소년수련관 1층 內)	033-635-0924
111	강릉시 청소년지원센터 꿈드림	강원도 강릉시 종합운동장길 72-21 강릉시청소년수련관 2층	033-646-8666
112	동해시 청소년지원센터 꿈드림	강원도 동해시 부곡1길 6, 2층	033-535-1038
113	영월군 청소년지원센터 꿈드림	강원도 영월군,읍 제방안길 100호	033-375-1328
114	원주시 청소년지원센터 꿈드림	강원도 원주시 서원대로 234, 원주시청소년수련관 이음관 3층 원주시꿈드림센터	033-813-1318
115	정선군 청소년지원센터 꿈드림	강원도 정선군 사북읍 사북6길 12-6	033-591-1311~3
116	철원군 청소년지원센터 꿈드림	강원도 철원군 갈말읍 명성로 179번길 26	033-450-5388
117	홍천군 청소년지원센터 꿈드림	강원도 홍천군 홍천읍 산림공원2길 31	033-432-1386
118	춘천시 청소년지원센터 꿈드림	원도 춘천시 거두택지길 70 2층 청소년카페 DREAM	033-818-1318
119	충청북도 청소년지원센터 꿈드림	충청북도 청주시 상당구 대성로 103(문화동 69-1)제 3별관 3층	043-257-0105
120	청주시 청소년지원센터 꿈드림	청주시 상당구 중앙로 30, 7층	043-223-0753
121	서청주 청소년지원센터 꿈드림	충청북도 청주시 흥덕구 직지대로 351번길 56(송정동)	043-297-1388
122	충주시 청소년지원센터 꿈드림	충북 충주시 중원대로 3324 (충주시청소년수련원 내 1층)	043-856-7804

번호	기관명	주소	연락처
123	제천시 청소년지원센터 꿈드림	충청북도 제천시 의림대로 264 비둘기상가 A동 206호	043-642-7950
124125	괴산군 청소년지원센터 꿈드림	충북 괴산군 괴산읍 읍내로6길 20-9	043-834-7945
126	단양군 청소년지원센터 꿈드림	충북 단양군 단양읍 삼봉로 187-18 단양군청소년수련관 2층	043-421-8371
127	보은군 청소년지원센터 꿈드림	보은군 보은읍 뱃들4길 11-14(구-보은읍 이평리 107-3)	043-542-1388
128	영동군 청소년지원센터 꿈드림	충북 영동군 영동읍성안길 8 청소년수련관 2층	043-744-5700
129	옥천군 청소년지원센터 꿈드림	충북 옥천군 옥천읍 동부로 39 (청소년수련관1층)	043-731-1388
130	음성군 청소년지원센터 꿈드림	충청북도 음성군 음성읍 음성천동길122 2층	043-872-9024
131	증평군 청소년지원센터 꿈드림	충북 증평군 증평읍 보건복지로 64-2 (청소년수련관 2층)	043-835-4193
132	진천군 청소년지원센터 꿈드림	충북 진천군 진천읍 포석길 37-10, 4층(청소년수련관)	043-536-3430
133	충청남도 청소년지원센터 꿈드림	충청남도 천안시 서북구 두정로 181, 대연빌딩 3층	041-554-1380
134	부여군 청소년지원센터 꿈드림	충남 부여군 부여읍 의열로 43	041-837-1885
135	보령시 청소년지원센터 꿈드림	충청남도 보령시 문화원길 9번지	041-935-1388
136	공주시 청소년지원센터 꿈드림	공주시 대통1길 57	041-854 ~7942
137	천안시 청소년지원센터 꿈드림	충남 천안시 동남구 먹거리 11길 45, 천안시청소년지원센터 꿈드림	041-415-1318
138	아산시 청소년지원센터 꿈드림	충남 아산시 충무로 31 동성빌딩 6층 아산시청소년지원센터 꿈드림	041-544-1388
139	서산시 청소년지원센터 꿈드림	충남 서산시 서령로 136 서산문화복지센터 청소년수련관 3층	041-669-9056
140	논산시 청소년지원센터 꿈드림	충청남도 논산시 논산대로 424 (논산시청소년문화센터 1층)	041-730-6051~3
141	계룡시 청소년지원센터 꿈드림	충남 계룡시 엄사면 문화1로 13 계룡문화예술의 전당 3층	042-841-0343
142	당진시 청소년지원센터 꿈드림	충남 당진시 무수동7길 142-26	041-357-2000
143	금산군 청소년지원센터 꿈드림	충청남도 금산군 금산읍 금산로1559 다락원 만남의 집 3층	041-751-1383
144	서천군 청소년지원센터 꿈드림	충남 서천군 서천읍 서천향교길 3 (2층) 충남 서천군 서천읍 군사리 578-2 (2층)	041-953-4040

번호	기관명	주소	연락처
145	청양군 청소년지원센터 꿈드림	충청남도 청양군 청양읍 문화예술로 187-1 청양군청소년문화의 집 3층	041-940-1071
146	홍성군 청소년지원센터 꿈드림	충남 홍성군 광천읍 홍남로 744번길 14	041-642-1388
147	예산군 청소년지원센터 꿈드림	충남 예산군 예산읍 벚꽃로 214 예산군청소년수련관 2층	041-335-1388
148	태안군 청소년지원센터 꿈드림	충청남도 태안군 태안읍 백화로 199 태안군청소년수련관 내 1층	041-674-2800
149	전라북도 청소년지원센터 꿈드림	전라북도 전주시 덕진구 팔달로 346	063-274-1388
150	김제시 청소년지원센터 꿈드림	전북 김제시 도작로 224-32 (파란건물)	063-545-0112
151	정읍시 청소년지원센터 꿈드림	정읍시 상동중앙로 14 청소년문화체육관 3층	063-531-3000
152	전주시 청소년지원센터 꿈드림	전주시 완산구 용머리로 94, 좋은빌딩 3F	063-227-1005
153	무주군 청소년지원센터 꿈드림	전북 무주군 무주읍 한풍루로 326-34 (2층 무주군청소년상담복지센터)	063-324-6688
154	완주군 청소년지원센터 꿈드림	전라북도 완주군 삼례읍 삼봉로 125(완주군청소년수련관 2층)	063-291-3303
155	익산시 청소년지원센터 꿈드림	전라북도 익산시 인북로 187 익산시상공회의소 5층 익산시청소년상담복지센터	063-853-1388
156	군산시 청소년지원센터 꿈드림	전북 군산시 동리2길 7(삼학동)	063-468-2870
157	순창군 청소년지원센터 꿈드림	전북 순창군 순창읍 장류로 192 청소년수련관 3F	063-653-4646
158	남원시 청소년지원센터 꿈드림	남원시 충정로 72 남원시수련관3층	063-633-1977
159	구례군 청소년지원센터 꿈드림	구례군 구례로 508 청소년문화의집 2층	070-4128-1309
160	고흥군 청소년지원센터 꿈드림	전남 고흥군 고흥읍 고흥로 1793 고흥청소년문화의집 2층	061-830-6563
161	전라남도 청소년지원센터 꿈드림	전라남도 목포시 북교길 22, 3층	061-242-7474
162	나주시 청소년지원센터 꿈드림	전남 나주시 죽림길 34 2층(죽림동 60-172)	061-335-1388
163	진도군 청소년지원센터 꿈드림	전남 진도군 진도읍 진도대로 7195 진도여성플라자 2층	061-540-3186~7
164	화순군 청소년지원센터 꿈드림	전남 화순군 화순읍 광덕로231 화순군민종합문화센터 2층	061-375-7442
165	영암군 청소년지원센터 꿈드림	전남 영암군 영암읍 영암로 1511(청소년수련관)	061-470-6791

번호	기관명	주소	연락처
166	장흥군 청소년지원센터 꿈드림	전라남도 장흥군 장흥읍 흥성로 37-23	061-863-1318
167	목포시 청소년지원센터 꿈드림	전라남도 목포시 신흥로 83번길 14. 목련아파트 복지동 1층	061-284-0924
168	여수시 청소년지원센터 꿈드림	전남 여수시 신월로 648, 전남대학교 국동캠퍼스 협동관 1층	070-4165-0087
169	순천시 청소년지원센터 꿈드림	전라남도 순천시 장천안길 9	061-749-4235~4237
170	광양시 청소년지원센터 꿈드림	전남광양시 광장로 14(중동)2층 광양시청소년지원센터	061-795-7953
171	담양군 청소년지원센터 꿈드림	전라남도 담양군 담양읍 지침6길 29, (지침리 112-1번) 3층	061-381-0924
172	곡성군 청소년지원센터 꿈드림	전라남도 곡성군 옥과면 리문5길 11-5 (옥과청소년문화의집)	061-363-9583
173	보성군 청소년지원센터 꿈드림	보성군 보성읍 송재로 281-7	061-853-1377
174	강진군 청소년지원센터 꿈드림	전남 강진군 강진읍 청렴길 1 청소년수련관 3층	061-432-1388
175	해남군 청소년지원센터 꿈드림	전남 해남군 해남읍 수성2길 9 2층 해남군청소년상담복지센터 내	061-535-1315
176	무안군 청소년지원센터 꿈드림	전라남도 무안군 현경면 공항로 347-83	061-454-5285
177	함평군 청소년지원센터 꿈드림	함평군 함평읍 중앙길 154	061-323-9995
178	영광군 청소년지원센터 꿈드림	전라남도 영광군 중앙로 119 1층 영광군청소년지원센터 꿈드림	061-353-6188
179	장성군 청소년지원센터 꿈드림	전라남도 장성군 장성읍 문화로 110, 청소년수련관 별관 노란원형건물 1층	061-393-1387
180	신안군 청소년지원센터 꿈드림	전라남도신안군 압해읍 천사로1004 신안군청 보건소동 4층 교육복지과 청소년지원센터 -꿈드림-	061-240-8702, 8729
181	완도군 청소년지원센터 꿈드림	전남 완도군 완도읍 개포로 159번길 41, 청소년문화의집2층	061-555-2323
182	경상북도 청소년지원센터 꿈드림	경상북도 안동시 축제장길 20	054-850-1003
183	고령군 청소년지원센터 꿈드림	경상북도 고령군 고령읍 왕릉로 55	054-956-1320
184	칠곡군 청소년지원센터 꿈드림	경북 칠곡군 왜관읍 2번도로길 83 칠곡군 아동청소년문화복지센터 1층	054-971-0425
185	봉화군 청소년지원센터 꿈드림	경북 봉화군 봉화읍 내성로1길 17-20, 2층 (봉화군 청소년센터 內)	054-674-1318
186	포항시 청소년지원센터 꿈드림	경북 포항시 북구 환호동 삼호로 533 청소년 수련관 2층 학교 밖 청소년 지원센터 꿈드림	054-240-9171~4

번호	기관명	주소	연락처
187	경주시 청소년지원센터 꿈드림	경상북도 경주시 알천북로 131(황성동 1053-231)	054-760-7744~5
188	김천시 청소년지원센터 꿈드림	경상북도 김천시 문당길 142, 3층	054-434-1399
189	안동시 청소년지원센터 꿈드림	경상북도 안동시 축제장길 42 안동시청소년수련관 2층	054-841-7937
190	구미시 청소년지원센터 꿈드림	경상북도 구미시 구미중앙로 11길 13	054-443-1388
191	영주시 청소년지원센터 꿈드림	경북 영주시 광복로 63(가흥동)	054-634-1324~5
192	영천시 청소년지원센터 꿈드림	경상북도 영천시 운동장로 92 청소년 수련관 2층 청소년상담복지센터	054-338-2000
193	상주시 청소년지원센터 꿈드림	경상북도 상주시 왕산로 219-11 상주시청소년상담복지센터 2층	054-534-3513
194	문경시 청소년지원센터 꿈드림	경북 문경시 중앙로 50, 문경시드림스타트 건물 3층	054-556-3000
195	경산시 청소년지원센터 꿈드림	경상북도 경산시 서상길 75 2층 청소년상담복지센터 (구:서상동 143-10 2층 청소년상담복지센터)	053-819-6400
196	울진군 청소년지원센터 꿈드림	경북 울진군 울진읍 대나리항길2 울진군청소년수련관 2층	054-789-5436
197	경상남도 청소년지원센터 꿈드림	경상남도 창원시 의창구 사림로45번길 59 경남대표도서관 청소년관 4층	055-711-1336
198	창녕군 청소년지원센터 꿈드림	창녕군 창녕읍 화왕산 1로 46 창녕군청소년수련관 5층 청소년상담복지센터 내 창녕군청소년지원센터 꿈드림	055-533-4288
199	창원시 진해 청소년지원센터 꿈드림	창원시 진해구 진해대로 1101번길 진해종합사회복지관 203호	055-225-3894
200	창원시 마산 청소년지원센터 꿈드림	경남 창원시 마산회원구 팔용로 128, 별관 2층	055-225-7292
201	진주시 청소년지원센터 꿈드림	경상남도 진주시 북장대로 6번길 9 (인사동) 진주시청소년상담복지센터 1층	055-749-7939
202	통영시 청소년지원센터 꿈드림	통영시 발개로 194 통영시청소년수련원 3층	055-641-0079
203	사천시 청소년지원센터 꿈드림	경상남도 사천시 문선 4길 23, 청소년수련관 3층 상담복지센터사무실	055-831-4547, 8
204	김해시 청소년지원센터 꿈드림	김해시 가락로 175번길 3 (구산동, 수로왕비릉 앞)	055-314-1388
205	밀양시 청소년지원센터 꿈드림	밀양시 삼문송림길 26, 청소년수련관 2층 꿈드림	055-352-0924
206	거제시 청소년지원센터 꿈드림	거제시 중곡로46 고현청소년문화의 집 2층	055-639-4989

번호	기관명	주소	연락처
207	양산시 청소년지원센터 꿈드림	경남 양산시 양주3길 36, 2층(중부동, 청소년회관) 양산시학교밖청소년지원센터 꿈드림 경남 양산시 웅상대로 1009-2 지하 1층(주진동, 웅상도서관) 양산시학교밖청소년지원센터 꿈드림	055-367-1318
208	의령군 청소년지원센터 꿈드림	경상남도 의령군 의령읍 의령대로1577-25 청소년 문화의집 2층	055-570-4972
209	함안군 청소년지원센터 꿈드림	경남 함안군 가야읍 말산1길 10 청소년수련관 2층	055-583-0921
210	고성군 청소년지원센터 꿈드림	경남 고성군 고성읍 성내로61, 고성군청소년센터"온"내 3층	055-670-2921
211	남해군 청소년지원센터 꿈드림	경남 남해군 남해읍 망운로 32 종합사회복지관 3층	055-864-7962
212	하동군 청소년지원센터 꿈드림	경남 하동군 하동읍 중앙로 72 (하동군청소년수련관 3층)	055-884-3001
213	산청군 청소년지원센터 꿈드림	경남 산청군 산청읍 웅석봉로 92 산청군청소년수련관2층	055-970-6591
214	함양군 청소년지원센터 꿈드림	경남 함양군 함양읍 함양여중길 10, 2층, 함양군 청소년지원센터 꿈드림	055-960-4973
215	거창군 청소년지원센터 꿈드림	경남 거창군 거창읍 교촌길100-30 거창군청소년수련관 3층	055-940-8860
216	합천군 청소년지원센터 꿈드림	경남 합천군 합천읍 옥산로 96-5, 합천군청소년문화의집 3층	055-930-3909
217	제주특별자치도 청소년지원센터 꿈드림	제주특별자치도 제주시 고마로 152 2층	064-759-9982~3
218	제주시 청소년지원센터 꿈드림	제주특별자치도 제주시 남녕로 39, 3층	064-725-7999
219	서귀포시 청소년지원센터 꿈드림	제주특별자치도 서귀포시 일주동로 8643, 2층	064-763-7179
220	세종특별자치시 청소년지원센터 꿈드림	세종특별자치시 조치원읍 새내로 108 2층	044-868-1318

출처: 꿈드림 홈페이지(www.kdream.or.kr)

저자소개

이동훈 │ 성균관대학교 교육학과 교수(상담심리전공), 플로리다대학교 박사(Ph.D.)
(현) 성균관대학교 외상심리건강연구소 소장
　　　법무부 법무보호위원
　　　한국상담심리학회 1급, 한국상담학회 수련감독급
(전) 2021년 행정안전부 장관상
　　　성균관대학교 카운슬링센터장
　　　전국학생생활상담센터협의회 회장 역임
　　　한국상담학회 대학상담학회 회장 역임
　　　한국청소년상담원 상담조교수
　　　부산대학교 부교수

권욱현 │ 성균관대학교 외상심리건강연구소
　　　성균관대학교 일반대학원 교육학(심리상담교육전공) 석사
　　　국가전문자격 2급 청소년상담사(여성가족부)
　　　'미정 – 청춘을 위한 성장소설' 출판(2015)

성균관대학교 외상심리건강연구소 상담자를 위한 상담실무서 시리즈3

학업중단청소년의 자서전적 소설: 우리들의 이야기

초판발행　　　2023년 9월 1일

지은이　　　　이동훈·권욱현
펴낸이　　　　노　현

편　집　　　　이아름
표지디자인　　이소연
제　작　　　　고철민·조영환

펴낸곳　　　　㈜ 피와이메이트
　　　　　　　서울특별시 금천구 가산디지털2로 53, 210호(가산동, 한라시그마밸리)
　　　　　　　등록　2014. 2. 12. 제2018-000080호
전　화　　　　02)733-6771
ｆａｘ　　　　02)736-4818
e-mail　　　　pys@pybook.co.kr
homepage　　www.pybook.co.kr
ISBN　　　　979-11-6519-290-7　94180
　　　　　　　979-11-6519-301-0　(세트)

정　가　　　　14,000원